시험이 없는 신앙생활은 없다

일러두기

본문의 성경은 《성경전서 개역개정판》을 주로 사용하였습니다.
이 책은 고(故) 옥한흠 목사의 설교를 바탕으로 구성한 것입니다.
설교 영상/오디오 자료는 QR코드를 참고하십시오.

제자의 삶 01

시험이 없는 신앙생활은 없다

옥한흠 지음

국제제자훈련원

들어가며

"뒷문 단속을 잘하십시오"

신앙생활을 잘한다는 것은 무엇을 의미할까? 그것은 시험을 성공적으로 극복하는 것이라고 할 수 있다. 신앙생활 자체가 곧 시험과의 대결이라고 할 수 있기 때문이다. 시험은 중생을 받은 하나님의 자녀에게만 찾아오는 독특한 사건이다. 풍랑이 바다에 떠 있는 사람들만이 겪을 수 있는 독특한 경험인 것처럼 말이다. 이런 의미에서 예수님조차 예외가 아니었던 것을 볼 수 있다(눅 22:28 참조).

영적 시험에 두 가지 유형이 있다는 것은 잘 알려진 사실이다. 외적인 요인을 가지는 시험을 일컬어 흔히 환난 혹은 핍박이라고 부른다. 한편 내적인 원인을 가진 시험에 대해서는 우리가 육신 속에 갇혀 있는 한 평생 피할 수 없는 숙명이라고 해도 과언이 아니다. 육신은 아직도 그 자체 속에 죄성과 연약함을 포함하고 있어서 우리를 유혹하는 마귀와 쉬지 않고 내통할 수 있기 때문이다. 그러므로 시험을 모르는 사람은 신앙생활을 바로 이해한다고 말할 수 없을 것이다. 우리가 하나님의 자녀로서 세상을 산다는 것 자체가 모든 시험으로부터 면제

받는 어떤 보장이 아니라는 사실을 알지 못하면 신앙생활에서 한시도 승리하지 못할 것이다.

우리가 주님을 섬기면서 자주 어려움을 겪는 이유는 은혜를 적게 받아서가 아니다. 받은 은혜를 쉽게 쏟아 버리기 때문이다. 아무리 놀라운 은혜를 체험했다고 할지라도 우리가 시험하는 자 앞에 자주 무릎을 꿇는 습관에 젖어 있으면 영적인 빈곤과 불안은 한시도 가시지를 않을 것이다. 어떻게 보면 신앙생활의 승리는 은혜를 더 받는 데 있지 않고 받은 은혜를 잘 지키는 데 있다. 그렇게 하려면 시험에서 이기지 않으면 안 된다. 은혜를 도둑맞지 않으려고 뒷문 단속을 잘하는 것, 이것이 충만한 신앙생활의 비결이다.

비록 여러 가지 면에서 불충분한 졸저이지만 시험에 대해 잘 이해하지 못해 신앙생활의 멋과 기쁨을 잃어버리고 있는 형제들에게 조금이나마 도움이 되었으면 한다. 특히 교회에 오랫동안 출입하면서도 성령 안에서 승리하는 삶이 무엇인가를 잘 모르는 자들에게 이 책이 성령의 유용한 도구로 쓰임을 받을 수 있기를 바란다.

1989. 10

옥한흠

차례

들어가며   5

1   예수님, 먼저 시험을 이기시다   9
2   예수님이 이긴 시험 Ⅰ - 하나님을 의심하라   25
3   예수님이 이긴 시험 Ⅱ - 하나님을 시험하라   41
4   예수님이 이긴 시험 Ⅲ - 하나님을 배신하라   55
5   자신만만하던 베드로, 출발선에서 세 번 넘어지다   69
6   미지근한 자가 시험에 넘어진다   87
7   잘나가던 데마, 결승점 앞에서 넘어지다   101
8   진정한 승자는 결승점에서 웃는다   117
9   제자리에 두어야 걸려 넘어지지 않는다   131
10   삼손, 밑 빠진 독에 물을 붓다   147
11   특명! 시험의 뇌관을 제거하라!   163
12   덫은 내 안에 숨어 있다   179
13   예수를 바라보자   197

I

예수님, 먼저 시험을 이기시다

마귀의 시험이 오히려 예수 그리스도가 하나님의 아들이라는 사실을 증명한 것처럼,
결국 우리를 향한 마귀의 시험은 우리가 예수님께 속했다는 사실을 증명할 것입니다.

마태복음 3:16-4:2

16 예수께서 세례를 받으시고 곧 물에서 올라오실새 하늘이 열리고 하나님의 성령이 비둘기 같이 내려 자기 위에 임하심을 보시더니 17 하늘로부터 소리가 있어 말씀하시되 이는 내 사랑하는 아들이요 내 기뻐하는 자라 하시니라 1 그때에 예수께서 성령에게 이끌리어 마귀에게 시험을 받으러 광야로 가사 2 사십 일을 밤낮으로 금식하신 후에 주리신지라

예수님,
먼저 시험을
이기시다

　　　　　　　　　　그리스도인이 신앙생활을 잘하기 위해서는 꼭 알아 두어야 할 독특한 분야가 있는데 그것은 마귀에 대한 것입니다. 마귀를 다른 말로 일컬어 '시험하는 자'라고 부르기도 합니다. 마태복음 4장 1절에 나오는 '마귀'와 3절에 나오는 '시험하는 자'라는 말은 둘 다 같은 대상을 놓고 붙인 이름입니다. 전쟁에서 승리할 수 있는 비결은 적을 잘 아는 데 있는 것처럼 우리의 신앙생활도 적을 잘 알아야 승리할 수 있을 것입니다.

　제가 담임하고 있는 교회에는 동양학을 전공하신 교수 한 분이 계시는데 제가 그분과 대화를 나누던 중에 충격적인 이야기를 들은 적이 있습니다. 일본에는 동양학을 연구하는 학자들이 수백 명이라고 하는데 우리나라에는 불과 수십 명밖에 되지 않는다고 합니다. 또 일본의 동양학자 가운데 우리나라의 백제 문화를 전공한 사람만 해도 50여 명이 된다는데 우리나라 학자 중에서는 다섯 손가락을 꼽기가 어렵다고 합니다.

　왜 일본이 이웃 나라인 한국의 역사와 문화에 관심을 두고 연구를 하는 것입니까? 상대방보다 앞서가려면 무엇보다 상대를 잘 알아야 합니다. 이웃 나라보다 앞서가려면 이웃 나라를 잘 알아야 합니다. 그런 까닭으로 일본은 많은 학자를 정책적으로 육성하고 또 그들의 연구 활동에 많은 투자를 아끼지 않는 것입니다. 이것은 영적인 세계에서도 통하는 원리입니다. 우리가 항상 시험을 이기려면 성경을 통해 마귀의 정체를 바로 알아야 합니다.

기독교 역사를 살펴볼 때 마귀의 시험에 대해서 극단적인 두 가지 반응을 보인 사람들을 발견할 수 있습니다.

누르시아의 베네딕트(Benedict of Nursia, 약 480-약 547)라고 하는 경건한 성도는 마귀의 시험을 피해 보려고 극단적인 방법을 취했던 사람이었습니다. 그는 가족과 사회를 떠나 세상의 것을 보지 않고 무조건 피해 버리면 마귀의 시험도 따라오지 않을 것이라고 생각했습니다. 그래서 깊은 동굴에 들어가서 거칠거칠한 털옷을 두르고 3년을 살았습니다. 날마다 줄에 매어 내려오는 소량의 음식으로 겨우 끼니를 잇고 가시나무 같은 것으로 자기 몸을 괴롭혀 피를 흘리기도 하면서 마귀의 시험으로부터 완전히 벗어나 보려고 몸부림을 쳤습니다. 그러나 3년 후에 그가 얻은 결론은 이 세상 어디를 가든 마귀의 시험은 항상 따라다닌다는 사실이었습니다.

한편, 조비니안(Jovinian, ?-약 405)이라는 사람은 그 반대가 되는 방법을 택했는데, 이것 때문에 그는 나중에 이단성이 있는 신학자로 지목을 받았습니다. 그는 하나님의 자녀가 되면 절대로 마귀가 시험을 하지 못한다고 주장했습니다. 높은 대기권에는 폭풍우가 영향을 미치지 못하는 것처럼 예수님 안에서 완전한 자유를 얻은 사람은 마귀가 시험할 수 없다는 이론이었습니다. 하지만 이것은 모순입니다. 왜냐하면 우리는 실제로 자주 시험을 당하는 것을 경험하기 때문입니다.

우리는 위의 두 가지 방법이 다 잘못되었다는 것을 알고 있습니다. 그러면 먼저 마귀가 언제 우리에게 접근하는지 예수님의 예를 가지고 살펴보고자 합니다. 마태복음 4장 1절을 보면 '그때에'라는 말이 나옵니다. 그런데 마가복음 1장 12절에서는 꼭 같은 내용을 가지고 '곧'이라는 단어를 사용하고 있습니다. 따라서 어떤 사건이 있은 다음에 즉시 마귀가 찾아왔다는 것을 우리는 금방 알 수 있습니다. 어떤 사건이 있었습니까? 그것은 바로 예수님이 세례를 받으신 것을 가리킵니다. 우리가 잘 아는 바와 같이 예수님은 30년 동안 세상에 자신의 모습을 드러내지 않으셨습니다. 나사렛이라고 하는 작은 동네에서 은둔 생활을 하며 때가 오기를 기다리고 계셨습니다. 예수님이 세례 요한을 찾아가서 스스로 세례를 요청했을 때 드디어 그는 온 세상 앞에 자신의 모습을 드러내는 중대한 순간을 맞이한 것입니다.

예수님의 세례는 그가 하나님이 이 세상에 보낸 메시아요, 구원자임을 천하에 공포하는 것이요, 왕 중의 왕이심을 온 우주 만물 앞에 선포하는 의식이었습니다. 이런 의미에서 예수님의 세례에 '대관식'이라는 별명을 붙이기도 합니다.

예수님이 그와 같이 세례를 받음으로 대관식을 올렸지만, 그 자리에는 예수님을 축하하는 백성이나 충성을 맹세하는 신하 한 사람도 없었습니다. 그렇지만 그 대관식은 놀라운 것이었습니다. 성령께서 예수님의 머리에 비둘기 모양의 관을 씌우시는 것을 세례 요한이 보았던 것입니다. 성령이 그의 머리에 앉아 계셨습니다.

그뿐만이 아닙니다. 하늘로부터 소리가 들려왔습니다. 그것은 여호와 하나님께서 자기 아들 예수 그리스도를 다시 한번 인정하시고, 다시 한번 왕으로 선포하시는 음성이었습니다. "이는 내 사랑하는 아들이요"라는 것은 하나님이 보내신 메시아라는 뜻이며, "내 기뻐하는 자라" 하신 것은 하나님의 마음에 꼭 드는 사람이라는 말입니다. 하나님께서 예수님이 인류의 구원자요, 왕 중의 왕이신 것을 확인해 주셨습니다. 그러므로 이 대관식이야말로 대단한 의미를 갖습니다.

이제는 예수님의 권위를 무시할 자가 없으며, 하나님이 인정하셨기 때문에 아무도 그에게 대항할 수 없습니다. 이제는 이 세상에 있는 모든 죄인이 예수님을 통해서만 구원을 받을 수 있다는 사실을 믿고 그에게로 나아와야 합니다.

○ ○ ○ ○ ○ ○ ○ ○ ○ ○
"네가 만일 하나님의 아들이어든"

그런데 그때 예수님의 권위 앞에 도전하는 자가 있었다는 것을 우리는 발견할 수 있습니다. 그 순간에 시험하는 자, 마귀가 찾아왔다고 성경은 기록하고 있기 때문입니다. 먼저 우리가 생각해야 할 부분은 예수님이 인류의 메시아라고 선포된 다음에 마귀가 예수님을 시험했다는 사실입니다.

> 너희는 나의 모든 시험 중에 항상 나와 함께 한 자들인즉_눅 22:28

주님이 제자들에게 하신 말씀을 보면 예수님은 요단강에서 세례를 받고 나서부터 십자가에서 돌아가실 때까지 연속적으로 마귀의 시험을 받으셨다는 것을 알 수 있습니다. 히브리서 4장 15절에서 예수님은 모든 일에 우리와 똑같이 시험을 받은 자라고 말합니다. 이것을 보면 마귀는 대단히 끈질기고 대범하고 어떤 면에서는 사생결단을 각오하고 덤빈다는 것을 알 수 있습니다. 이것은 마귀가 예수님을 시험하는 목적에서 금방 드러납니다.

시험이 없는 신앙생활은 없다

네가 만일 하나님의 아들이어든_마 4:3중

6절에서도 마귀가 똑같은 말을 반복하여 시험합니다. 8절에는 이 말이 빠져 있지만, 마귀가 틀림없이 같은 말을 했으리라는 것을 미루어 짐작할 수 있습니다. 그렇다면 마귀가 서두에서 던지는 이 말의 뜻은 무엇입니까? 여기에는 '내가 시키는 대로 해라. 내가 시키는 대로 하면 하나님의 아들이고, 그렇지 않으면 너는 하나님의 아들이 아니다'라는 뜻이 숨어 있습니다. 대단히 고차원적인 방법으로 예수님을 시험하는 것입니다.

예수님이 마귀의 말대로 하지 않으신다는 것을 마귀가 모를 리가 없습니다. 영물이기 때문에 누구보다도 잘 압니다. 그러면서도 왜 이런 말을 던지는 것이겠습니까? 그것은 마귀가 예수님에게 의심을 심어주기 위해서입니다. '너, 내가 하는 말 안 들으면 너 자신이 아무리 큰소리쳐도 너는 하나님의 아들이 아닐 수 있다'라는 의심을 그 마음에 심어주기 위해서입니다. 마귀가 얼마나 집요하게 예수님을 '하나님의 아들'이라는 사실을 의심하게 하려고 노력했던지 우리는 또 하나의 사건을 통해 잘 알 수 있습니다. 바로 십자가 위에서입니다.

마귀는 광야에서 세 번이나 예수님을 시험하려고 했지만, 실패로 끝나고 난 뒤 잠깐 물러가는 것 같더니, 3년 후 예수님이 십자가에서 그 이상의 아픔도 그 이상의 고통도 그 이상의 비극도 없을 만큼의 수난을 당하는 순간에 또다시 정체를 드러냈습니다. 예수님이 육체적으로 가장 약한 순간이요, 정신적으로도 그야말로 파멸 직전이라고 할 수 있을 만큼 몹시 어려운 순간에 마귀가 사람들 틈에 나타나서 꼭 같은 말을 했습니다.

성전을 헐고 사흘에 짓는 자여 네가 만일 하나님의 아들이어든 자기를 구원하고 십자가에서 내려오라 하며_마 27:40

'네가 만일 하나님의 아들이라면 뛰어내려라. 뛰어내리지 못하면 너는 하나님의 아들이 아닐 수도 있다'라는 의심을 예수님의 마음에 집어넣으려고 마귀는 노력했습니다. 얼마나 마귀가 집요합니까! 얼마나 끈질깁니까! 예수님이 인류를 위해서 십자가를 진다는 사실을 조금이라도 의심할 수 있게만 한다면 하나님의 구원 계획은 수포로 돌아가기 때문에 어떻게 해서든지 하나님의 일을 방해하기 위해서 마귀는 집요하게 예수님에게 도전했습니다. 그러나 예수님께서 그 시험에 넘어가지 않으셨기 때문에 우리가 구원받은 하나님의 백성이 될 수 있었습니다. 이 얼마나 감사한 일입니까!

온 천하를 꾀는 자

여기서 중요한 사실을 하나 알아야 합니다. 예수님을 이렇게 끝까지 시험하는 마귀라면 예수님에게 속한 우리를 얼마나 많이 시험하겠느냐는 것입니다. 예수님이 세상에 계실 때 시험을 받아야 했던 데에는 두 가지 이유가 있습니다. 첫째로, 육체를 입고 있었기 때문에 시험을 받을 수밖에 없었고, 또한 아직 마귀가 활동하고 있는 이 세상에 오셨기 때문에 시험을 피할 수 없었던 것입니다. 우리 역시 예수님을 믿고 구원받은 하나님의 자녀요, 성령을 모시고 사는 사람들이지만 아직 육체를 입고 있기에, 또 아직 이 세상에서 벗어나지 못했기 때문에 예수님처럼 끊임없이 시험을 받을 수 있다는 말입니다.

시험이 없는 신앙생활은 없다

> 하늘에 전쟁이 있으니 미가엘과 그의 사자들이 용과 더불어 싸울새 용과 그의 사자들도 싸우나 이기지 못하여 다시 하늘에서 그들이 있을 곳을 얻지 못한지라 큰 용이 내쫓기니 옛 뱀 곧 마귀라고도 하고 사탄이라고도 하며 온 천하를 꾀는 자라 그가 땅으로 내쫓기니 그의 사자들도 그와 함께 내쫓기니라_계 12:7-9

하늘에서 큰 전쟁이 일어났는데 용, 마귀가 이기지 못하여 하늘에서 있을 곳을 얻지 못하고 내어 쫓겼다고 했습니다. 이 용을 일컬어서 옛 뱀이라고도 하고 마귀라고도 하고 또 사탄이라고도 합니다. 이 마귀가 하는 일이 무엇입니까? 온 천하를 꾀는 일입니다. 아무도 하나님을 믿지 못하도록 꾀는 일입니다. 바로 그 마귀가 땅으로 내어 쫓겼습니다.

요한계시록 12장 10절에서는 우리 형제들을 참소하는 자가 쫓겨났다고 했습니다. 밤낮없이 우리의 잘못을 하나님 앞에 고자질하던 마귀가 쫓겨났습니다. 그러나 쫓겨나는 것으로 끝난 것이 아닙니다. 마귀가 자기의 때가 얼마 남지 않은 것을 알고 크게 분을 내어 지상으로 내려갔다고 했습니다. 이제 얼마 지나면 예수님께서 이 세상을 심판하기 위해 재림하실 텐데 그때에는 마귀도 심판을 받고 영원히 멸망할 것입니다. 그렇기 때문에 마귀가 자기의 때가 얼마 남지 않은 것을 알고 발악을 하는 것입니다.

> 용이 여자에게 분노하여 돌아가서 그 여자의 남은 자손 곧 하나님의 계명을 지키며 예수의 증거를 가진 자들과 더불어 싸우려고 바다 모래 위에 서 있더라_계 12:17

위의 말씀에 나오는 여자를 가리켜 해석하기를, 교회라고도 하고 예수님이라고도 합니다. 그 여자의 남은 자손, 곧 하나님의 계명을 지키며 예수님의 증거를 가진 자들은 오늘날 예수님을 믿는 우리입니다. 마귀는 우리와 더불어 싸우려고 완전한 임전 태세를 취하고 있습니다. 예수 그리스도가 육신의 몸을 입고 세상에 오셨을 때 그의 약함을 이용해서 얼마나 많은 시험을 한 마귀입니까. 그렇기 때문에 오늘날 세상에 남아 있는 우리를 마귀가 가만히 둘 리가 없는 것입니다.

하나님의 자녀라서 시험한다

마귀가 우리를 시험하는 목적은 첫째, 우리가 죄를 범하도록 하는 데 있습니다. 어떻게 해서든지 하나님의 자녀가 죄를 짓게 만드는 것이 마귀의 목적입니다. 둘째, 마귀의 시험은 타락하게 하려는 데 목적이 있습니다. 하나의 예를 들어 봅시다. 회개하고 하나님 앞에 돌아온 사람이 반복하여 만성적으로 죄를 짓게 되면 회개할 염치조차 없어서 나중에는 자포자기하는 마음으로 교회에도 안 나오고 급기야는 기독교를 비판하며 타락해 버립니다.

하나님은 한 생명이라도 예수님의 이름으로 구원해서 자기 나라에 들이려고 하는데, 마귀는 한 생명이라도 발을 들여놓지 못하게 하려는 것입니다. 얼마나 마귀가 밤낮없이 우는 사자와 같이 날뛰는지 모릅니다. 우리가 이것을 알고 신앙생활을 해야 합니다. 우리는 이 세상에 있는 동안 이러한 마귀의 시험을 면제받지 못합니다.

혹시 '나는 마귀의 시험을 잘 모르겠어. 왜 목사님이 마귀의 시험을 강조하는 걸까? 아마 죄를 많이 지어서 그런가 보다'라고 생각하시는 분이 계실지 모르겠습니다. 아직 신앙이 어려서 마귀의 시험이 무엇인지 잘 몰라 그럴 수 있을 것입니다. 그러나 이것과 달리 마귀에게 소속되어 있어서 시험을 도무지 느끼지 못하는 사람도 있습니다. 흘러내리는 물에 같이 떠내려가면 아무런 거부감을 느끼지 못하지만 거슬러 올라갈 때는 물살이 얼마나 센지 알게 되는 것처럼, 마귀의 손에서 마귀가 원하는 대로 움직이는 사람은 그것을 시험이라고 느끼지 않습니다.

그렇기 때문에 '아, 이거 시험이구나! 큰일 났어. 내가 이겨야 하는데'라는 마음이 생기면 이미 그는 마귀의 영역에서 빠져나온 사람입니다. 마귀의 손에서 빠져나왔기 때문에 마귀가 그 사람을 시험하고 공격하는 것입니다. 그러므로 시험을 받고 있다는 사실은 예수 그리스도께 속한 사람이라는 것을 증명해 주는 아주 좋은 조건이 됩니다. 따라서 마귀의 시험에 불안해한다든지 무서워할 필요는 없습니다. 마귀가 예수 그리스도를 시험함으로 인하여 그가 하나님의 아들이라는 사실을 증명한 것처럼 오늘날 우리를 계속 시험하는 마귀도 결국 우리가 예수님께 속했다는 것을 확인시켜 주는 역할밖에 하지 못합니다. 그런 의미에서 하나님은 우리에게 오는 모든 시험을 돌이켜 합력하여 선을 이루게 하신다고 할 수 있습니다.

성령 충만할 때 시험한다

또 하나, 우리가 짚고 넘어가야 할 부분이 있습니다. 그것은 예수님께서 은혜가 충만하실 때 시험을 받으셨다는 사실입니다. 마귀가 예수님을 시험할 때는 그가 완벽하게 영적으로 준비하고 계셨을 때입니다.

첫째, 하나님께서 "이는 내 사랑하는 아들이요, 내 기뻐하는 자라"라는 음성으로 확인해 주셨기 때문에, 예수님은 자기가 하나님의 아들이요 인류의 구원자라는 사실을 분명하게 확신하고 계셨습니다.

둘째, 예수님은 영적으로 완전히 준비하고 계셨습니다. 누가복음은 세례를 받을 때 예수님이 성령 충만했다고 기록하고 있습니다.

셋째, 예수님은 광야에서 40일 동안 금식 기도로 준비하셨습니다.

넷째, 예수님은 헌신의 준비를 완전히 하고 계셨습니다. 인류를 위하여 십자가의 길을 걸어가기로 하신 것입니다.

이 정도면 마귀가 질려서 감히 도전하지 못할 것 같은데, 마귀는 오히려 그것을 절호의 찬스로 이용했습니다. 여기에서 우리는 시험이 성령으로 충만하지 못하고 약해져 있을 때만 오는 것이 아니라는 사실을 알 수 있습니다. 시험은 우리가 기도하지 않고 있을 때만 오는 것이 아닙니다. 시험은 영적으로 최고 절정기에 있을 때도 올 수 있다는 사실을 기억해야 합니다.

성령 충만하십니까? 여러분이 성령으로 충만해서 은혜 안에 잠겨 있을 때 마귀는 어떤 틈바구니가 없나 하고 세심하게 살피며 기회를 노리고 있다는 사실을 잊지 마십시오. 예수님이 그렇게 완벽하게 준비하고 계실 때 도전했던 마귀는, 오늘날 우리가 아무리 완벽하게 준비했다고 할지라도 우리를 시험할 수 있기 때문입니다.

우리는 금식 기도를 특별히 했다는 분이 기도하고 나서 마귀에게 사정없이 넘어가는 것을 종종 보게 됩니다. 성령으로 충만하다고 떠들고 다니던 사람이 나중에 마귀에게 끌려가는 것을 보았습니다. 신학교에 들어가서 선교사가 되겠다던 사람이 나중에 마귀의 밥이 되는 것을 보았습니다. 그러므로 우리가 영적으로 황금기에 있을 때도 마귀는 우리를 시험할 수 있다는 것을 알고 늘 조심해야 합니다. 고린도전서 10장 12절의 "그런즉 선 줄로 생각하는 자는 넘어질까 조심하라"라는 말씀을 늘 명심하시기 바랍니다.

뿌리 깊은 나무는 바람에 흔들리지 않는다

우리가 신앙의 전성기에 있을 때도 마귀가 시험할 수 있다면, 믿음이 떨어져 있을 때는 말해 무엇하겠습니까. 이와 같은 냉엄한 영적 세계를 아는 것이 신앙생활의 지혜입니다. 제가 안타깝게 생각하는 것은 마귀의 이와 같은 잔인한 계략을 우리가 자주 잊어버린다는 사실입니다. 그러므로 가장 좋은 방법은 항상 예수님처럼 준비하는 것입니다. 예수님도 약해질 때가 있었습니다. 겟세마네 동산에 올라가실 때는 '내 마음이 매우 고민하여 죽게 되었다'라고 말씀하셨는데(마 26:38), 예수님은 그때도 마귀의 시험에 대비하여 하나님께 기도로 매달렸습니다. 하나님께 전적으로 맡기고 성령으로 무장하려고 노력하셨습니다.

예수님은 마귀로부터 시험을 수없이 받으셨지만 한 번도 마귀의 시험에 빠진 적은 없습니다. 시험을 받는 것과 시험에 빠지는 것은 다릅니다. 예수님을 믿는 사람들인 우리는 늘 시험을 받습니다. 우리가 하나님의 자녀요, 예수님께 속한 자이기 때문에 시험을 피할 수가 없습니다. 마귀는 끝까지 우리를 미워하여 어떻게 해서든지 우리를 끌어내고 범죄하고 타락하게 하려 할 것입니다. 그러나 시험에 빠지면 안 됩니다. 시험에 빠지지 않기 위해서는 예수님처럼 준비해야 합니다. 하나님의 말씀으로 우리가 하나님의 자녀 된 것을 확신해야 합니다.

바닷가에서 겪었던 저의 경험을 하나 소개합니다. 밥을 지어 먹으려고 버너를 받칠 돌멩이를 찾으러 다녔습니다. 그러다가 돌멩이 하나를 보았습니다. 흔들어 보니까 조금 움직이는 것 같아 계속 붙잡고 흔들어서 기어이 뽑아내었습니다. 그런데 옆에 있는 다른 돌멩이 하나를 발로 차 보니 꼼짝도 안 했습니다. 도무지 움직일 것 같지 않았습니다. 그래서 그 돌멩이는 몇 번 흔들어 보다가 포기했습니다. 이처럼 신자가 조금만 흔들리면 마귀는 집요하게 매달려 괴롭히려고 합니다. 그러나 확신이 서 있는 사람에게는 마귀가 덤비긴 덤벼도 곧 포기하고 물러갑니다.

우리도 예수님처럼 성령으로 충만해야 합니다. 이것만이 우리가 사는 길입니다. 예수님처럼 40일 금식 기도는 못할지라도 늘 기도하는 생활을 게을리하지 말아야 합니다. 시간이 없어서 기도하지 못하십니까? 나중에 마귀에게 끌려다니는 시간은 훨씬 길고 훨씬 힘들 것입니다. 마귀에게 끌려다니느라고 시간을 소비하지 말고 미리 시간을 아껴 기도하십시오. 멋있는 승리의 쾌감을 맛볼 수 있을 것입니다. 예수님처럼 헌신하려고 하십시오. 주님이 걸어가신 십자가의 길을 따라가겠다고 헌신하는 사람은 마귀가 건드려 보기는 하겠지만 거꾸러뜨리지는 못합니다. 그러나 한생을 자기 멋대로, 자기 욕심껏 사는 사람은 마귀가 가만히 두지를 않습니다. 마귀는 쉴 새 없이 그 사람을 농락하고 하나님의 영광을 가리도록 합니다.

성도들의 가정마다 어려운 일들이 자주 일어납니다. 하지만 대부분의 사람이 그것이 마귀의 시험인지 잘 모르고 있습니다. 그리고 한동안 질질 끌려다니면서 고통을 당해야 비로소 시험인 줄 알아차립니다. 결국은 주의 은혜로 빠져나오기는 하는데 그때는 가엾게도 보통 멍이 들고 터진 것이 아닙니다. 얼마나 안타까운지 모릅니다. 그런 것을 미리 막을 수 있는 방법 중 하나가 바로 가정 예배입니다.

가족들이 둘러앉아서 함께 성경을 읽고 이야기를 나누는 가운데 문제가 지적됩니다. "아빠 엄마는 기도는 많이 하시는데 얼굴이 어두워요. 불안해 보여요"라고 아이들이 말할 때도 있습니다. 그럴 때 아빠 엄마는 "아마 믿음이 약해서 그런가 봐. 위해서 기도해 줘"라고 솔직하게 고백하며 함께 손잡고, "너희들은 아빠 엄마를 위해 기도해. 우리는 너희를 위해서 기도할게"라면서 하나님 앞에 가정의 일을 맡기면 마귀가 수십 번 노크는 할 수 있지만, 시험의 문은 절대로 열리지 않습니다.

예수님도 시험한 마귀입니다. 그러므로 우리도 시험합니다. 예수님께서 완전히 준비하셨을 때도 시험을 멈추지 않았던 마귀입니다. 그러므로 우리가 믿음이 좋을 때나 좋지 않을 때나 마귀는 사정없이 우리를 시험할 수 있습니다. 그 마귀가 아직도 활동하고 있는 이 세상에서 늘 확신을 가지고, 성령 충만과 기도로 마지막까지 승리하십시오.

2

예수님이 이긴 시험 I

하나님을 의심하라

예수님은 이렇게 말씀하십니다.
"사람이 떡으로도 살 수 있지만, 하나님의 말씀으로 살게 된다.
하나님의 말씀이 없으면 인간은 인간답게 살 수가 없어"라고 말씀하십니다.

마태복음 4:1-4

1 그때에 예수께서 성령에게 이끌리어 마귀에게 시험을 받으러 광야로 가사 2 사십 일을 밤낮으로 금식하신 후에 주리신지라 3 시험하는 자가 예수께 나아와서 이르되 네가 만일 하나님의 아들이어든 명하여 이 돌들로 떡덩이가 되게 하라 4 예수께서 대답하여 이르시되 기록되었으되 사람이 떡으로만 살 것이 아니요 하나님의 입으로부터 나오는 모든 말씀으로 살 것이라 하였느니라 하시니

하나님을
의심하라

예수님이 광야에서 시험을 받으실 때는 대단히 절박한 상황이었습니다. 금식을 해 보신 분이 많이 계시겠지만 금식한다는 것이 보통 힘든 일이 아닙니다. 저의 참 약한 부분 중 하나가 바로 금식을 잘 못한다는 것입니다. 은혜를 받으려고 금식을 했는데 종종 결과가 그렇게 되지 못할 때가 있기 때문입니다. 짧은 기간이었으나 제가 금식을 해 본 경험을 토대로 예수님의 상황을 생각해 볼 때 당시 예수님의 처지는 대단히 절박한 상황이었을 것이라고 미루어 짐작해 볼 수 있습니다.

> 마귀에게 시험을 받으시더라 이 모든 날에 아무것도 잡수시지 아니하시니 날 수가 다하매 주리신지라_눅 4:2

위의 말씀처럼 누가는 성경을 기록하면서 예수님이 40일 동안 아무것도 잡수시지 않았다고 못을 박았습니다. 요즈음 금식하는 사람들처럼 간간이 물을 마신다든지 소금을 조금씩 먹는 일까지도 예수님은 포기를 하셨는지 정확히 알 수 없습니다. 그러나 아무것도 잡수시지 않았다는 말씀을 볼 때 철저하게 식음을 전폐하는 금식으로 추측됩니다. 따라서 예수님의 상황이 얼마나 절박했을지 가히 짐작이 갑니다.

예수님은 우리를 구원하시고자 하는 중대한 일을 시작하기 전에 하나님과 특별히 만나서 교제해야 할 필요성을 느끼셨습니다. 그래서 하나님과의 교제에 방해가 되는 일이면 어떤 것이라도 뒤로 물리치셨습니다. 심지어 먹고 마시는 것까지도 포기하고 하나님과 만나셨던 것입니다.

40일을 금식한 후 예수님의 육체가 심히 어려운 상황에 놓였을 때 마귀가 찾아왔습니다. 돌멩이만 보아도 '야, 떡처럼 생겼구나' 하며 환상을 볼 정도로 먹고 싶다는 강한 욕망에 사로잡혀 있을 때 마귀가 찾아온 것입니다. 마귀는 항상 절박한 상황을 이용합니다. 이때야말로 마귀가 벨을 누르기에 가장 알맞은 찬스라는 것을 우리는 잊어서는 안 됩니다.

○ ○ ○ ○ ○ ○ ○ ○ ○
현실적인 제안을 의심하라

여러분에게 종종 절박한 상황이 닥쳐올 때가 있을 것입니다. 병에 걸려서 꼭 낫고 싶다는 강한 욕망에 사로잡힐 때가 있습니까? 갑자기 큰 돈이 필요하여 돈이 없으면 안 되겠다는 위기의식을 느낀 일이 있습니까? 바로 그때 마귀가 여러분 문 앞에 찾아와서 대기하고 있을지도 모릅니다. 절박한 상황에서는 하나님의 뜻을 잘 읽지 못하고 자기 방식대로, 자기 능력대로 성급하게 일을 처리해 버릴지도 모를 연약함을 우리 모두가 가지고 있습니다. 왜냐하면 대부분의 사람이 절박한 상황에서는 판단력을 잃어버리기 때문입니다. 마귀는 이것을 이용해서 우리를 시험하려고 하는 것입니다.

　마귀는 예수님의 절박한 상황을 이용하여 찾아왔습니다. 그리고 주변에 널려 있는 돌덩어리를 가리키면서 돌로 떡을 만들어 먹으라고 했습니다. 겉으로 보기에는 대단히 타당한 말처럼 들립니다. 40일 동안 먹지 못한 사람에게 무엇이든지 먹을 것이 있으면 먹으라고 하는 것은 매우 현실적이요, 논리적인 충고입니다. 그러나 예수님은 마귀의 권고에 귀를 기울이지 않으셨습니다. 마귀는 아주 타당한 것처럼 위장을 했지만, 그의 말속에는 무서운 음모가 숨어 있었습니다. 마귀가 우리를 시험할 때는 절대로 우리의 귀에 거슬리는 말을 하지 않는다는 사실을 기억하십시오. 현실적으로 틀린 말을 하지 않는 것이 마귀의 특징입니다.

　마귀가 에덴동산에서 아담과 하와를 유혹할 때도 마찬가지였습니다. 이론적으로나 현실적으로나 모든 면을 보아서도 마귀는 틀린 말을 한 것이 아니었습니다. 예수님을 시험할 때도 마귀는 틀린 말을 한 것이 아닙니다. 예수님에게는 돌을 떡으로 만들 만한 능력이 충분히 있었습니다. 그래서 마귀는 예수님에게 그 능력을 사용하라고 충동질한 것입니다. 마귀는 우리에게 진리를 말하는 것처럼 위장을 합니다. 영적으로 눈이 밝은 사람, 하나님의 말씀에 똑바로 서 있는 사람이 아니면 그 달콤한 말속에 숨어 있는 음모를 찾아내지 못합니다. 그러나 예수님은 바로 보았습니다. 마귀의 말속에는 적어도 네 가지의 음흉한 계교가 숨어 있었던 것입니다.

불순종을 권유하다

　첫째로, 마귀의 시험에 감추어진 함정은 예수님이 하나님께 순종하지 못하도록 하는 것이었습니다.

예수님은 본래 하나님과 동등한 분입니다. 권세나 영광이나 지혜나 품성이나 모든 면에서 하나님과 하나이신 분이요, 하나님과 나누어질 수 없는 존재입니다. 그러나 예수님이 이 세상에 육신을 입고 찾아오셨을 때는 처지가 달랐습니다. 그 모든 영광을 포기하고 무조건 하나님께 순종해야 하는 신분으로 오셨습니다. 예수님이 구원하려고 하는 이 세상 사람들 가운데는 한 사람도 하나님께 완전하게 순종한 자가 없었습니다. 지구 역사를 통해서 수억의 사람들이 예외 없이 하나님께 반역했고 하나님의 뜻에 순종하지 않았습니다. 따라서 이 인간들을 구원하기 위해 오신 예수님께서 일차적으로 하실 일이 있었습니다. 우리가 순종하지 못했으니 대신 자신이 온전하게 하나님께 순종해야 하는 책임이었습니다. 그래서 예수님은 세상에서 어느 것 하나라도 자기 마음대로 하지 않으셨습니다.

> 내가 아무것도 스스로 할 수 없노라 듣는 대로 심판하노니 나는 나의 뜻대로 하려 하지 않고 나를 보내신 이의 뜻대로 하려 하므로 내 심판은 의로우니라_요 5:30

이것이 주님의 입장입니다. 예수님은 우리를 대신해서 완전히 순종해야 할 위치에 서 계셨습니다. 그러므로 주님은 하나님의 뜻을 살피는 데 있어 마치 초를 읽는 듯한 정확성을 가지고 이 세상을 사셨습니다. 하나님이 하지 말라고 하시면 절대로 하지 않았고 하나님이 하라고 하시면 어떤 상황에서도 목숨을 걸고 순종하셨습니다. 왜 그렇습니까? 우리를 대신해서 순종해야 했기 때문입니다. 예수님에게는 돌을 떡으로 만들 만한 능력이 있었습니다. 그러나 그 능력을 사용하지 않은 것은 그것이 하나님의 뜻임을 아셨기 때문입니다.

성경에 매우 대조적인 두 사건이 나옵니다. 하나는 예수님이 예루살렘성에 들어가셨을 때의 일입니다. 그때 주님은 너무 시장하셨습니다. 아마 그 전날에도 식사를 하지 못하신 것 같습니다. 당시 예수님 가까이에 있기만 해도 사회에서 주의할 인물로 주목을 받았는데, 누가 감히 예수님 곁에서 그분을 돌보며 헌신할 수 있었겠습니까? 예수님은 배가 너무 고프셔서 예루살렘성으로 들어가시다가 무화과나무를 하나 발견하시고 무엇인가 따 먹을 것이 없나 살피셨습니다(마 21:18-22 참조). 예수님이 얼마나 시장하셨는지 가히 짐작이 갑니다. 그런데 왜 예수님이 그때 자기 능력을 발휘해서 그 배고픔을 좀 면하지 않으셨습니까? 하나님이 금하시는 일이었기 때문입니다. 그래서 자신의 능력을 사용하지 않으셨습니다.

반면, 예수님이 능력을 발휘하신 예도 성경에 나옵니다. 우리는 마태복음 14장에서 예수님의 말씀을 들으려고 모인 2만여 명의 군중을 볼 수 있습니다. 남자만 5천 명, 여자와 아이까지 합해 만 5천 명에서 2만 명가량의 군중이 굶주렸습니다. 그때 주님께서 놀라운 기적을 행하셨습니다. 떡 5개와 물고기 12마리를 가지고 그 무리를 전부 배부르게 먹이고 남은 조각들을 12광주리에 거두어들였다고 했습니다(마 14:13-21 참조). 이때는 왜 예수님이 기적을 행하셨겠습니까. 하나님이 하라고 명령하셨기 때문입니다. 바로 이것이 예수님의 입장이었습니다.

따라서 마귀가 시키는 대로 주님이 돌로 떡을 만들면 그것은 하나님의 명령에 불복종하는 결과를 초래합니다. 주님이 거기에 순종할 수는 없는 것입니다. 우리도 예수님의 생활 원칙을 따라야 합니다. 아무리 절박한 상황이라 할지라도 하나님이 원하지 않으시는 일은 절대하지 않는 것, 이것이 시험을 이기는 중요한 비결입니다. 그렇게 하려면 우리가 하나님의 뜻을 아는 영성이 밝아야 하는데 이것이 문제입니다. 기도를 많이 하십니까? 매일 성경을 읽으며 묵상하십니까? 주님을 모시고 항상 동행하십니까? 그렇다면 여러분은 분명히 주님의 뜻을 분별할 수 있을 것입니다.

좁은 길을 피하게 하다

둘째로, 마귀의 시험에 감추어진 함정은 예수님이 좁은 길을 피하게 하려는 것이었습니다.

예수님은 인간을 구원하기 위해 오셨습니다. 인간의 죄짐을 지기 위해 오셨습니다. 그렇기 때문에 인간이 자기 죄 때문에 짊어지고 있는 무서운 고통을 주님도 함께 짊어져야 했습니다. 가난과 질병과 죽음의 고통을 주님이 친히 체험하지 않으면 안 되었습니다.

> 이는 선지자 이사야를 통하여 하신 말씀에 우리의 연약한 것을 친히 담당하시고 병을 짊어지셨도다 함을 이루려 하심이더라_마 8:17

위에 기록된 말씀대로 예수님은 우리의 연약한 것을 친히 담당하신 분이요, 병을 짊어지신 분입니다. 평생 머리 둘 곳 없이 가난하게 사셨고, 평생 병자들을 곁에 두고 봉사하시면서 사셨고, 죽음을 앞에 놓고 눈물을 흘리는 자들과 함께 우시면서 생을 사셨습니다. 주님은 이 좁은 길을 피할 수 없었습니다. 만약 주님이 이 좁은 길을 피하셨다면, 그는 우리의 구원자가 될 수 없었습니다.

신앙생활을 하다가 보면 어떤 때는 좁은 길을 가야 할 때도 있습니다. 남처럼 돈을 많이 못 벌 수도 있습니다. 어떤 때는 성공의 기회를 눈앞에 두고도 포기해야 할 때가 있습니다. 예수님을 바로 믿고 하나님의 뜻대로 살려면, 무엇인가 고생을 해야 할 어떤 특별한 상황을 만날 수도 있습니다.

> 무릇 그리스도 예수 안에서 경건하게 살고자 하는 자는 박해를 받으리라_딤후 3:12

예수님을 믿는 사람이 좁은 길을 피하고 편하고 넓은 길만 택하려고 한다면 마귀는 틀림없이 그가 쳐 놓은 그물 속에 우리를 끌어넣고야 말 것입니다. 예수님을 잘 믿는 사람들이 어떤 직장에 들어가더라도 빛과 소금의 역할을 해야 한다는 것은 하나님의 명령입니다만, 어떨 때는 신자가 피해야 할 자리도 있습니다.

제가 알고 있는 어떤 분은 영업부에서 일하게 되었습니다. 일반적으로 영업부는 돈이 많이 들어오는 곳이라고 합니다. 그리고 여러 가지 면에서 여유로운 직장 생활을 할 수 있는 부서라고도 들었습니다. 그분이 영업부에 들어가서 생활한 지 얼마 지나지 않아 그는 예수님을 포기했습니다. 바이어들과 함께 고급 술집에 드나들어야 했고, 주말이면 골프장에 가야 했으며, 어떤 때는 양심에 어긋나는 소리도 해야 했으니 하나님을 믿는 것이 겁이 난 것입니다. 그러다가 그는 신앙생활을 그만두고 몇십 년 동안 방탕한 생활을 했는데, 나중에 주님 앞에 돌아왔을 때는 폐인이나 다름없었습니다.

우리는 예수님처럼 살아야 합니다. 주님을 위해서는 아무리 좁은 길이라도 꼭 가야 할 길이라면 손해를 보고서라도 따라가야 합니다.

셋째로, 마귀의 시험에 감추어진 함정은 하나님을 불신하게 하려는 것입니다. 마귀는 예수님이 하나님을 의심하게 만들려는 음흉한 계획을 하고 있었습니다.

> 그런즉 너희는 먼저 그의 나라와 그의 의를 구하라 그리하면 이 모든 것을 너희에게 더하시리라 그러므로 내일 일을 위하여 염려하지 말라 내일 일은 내일이 염려할 것이요 한 날의 괴로움은 그날로 족하니라_마 6:33-34

이것은 주님이 우리의 모든 것을 다 책임져 주시겠다는 교훈의 말씀입니다. 예수님 자신도 세상에서 살 때 그렇게 살아야 할 상황에 놓여 있었습니다. 그래서 40일 동안 굶주려서 당장 먹을 것이 절실하게 필요해도 '하나님이 준비하시리라'라는 믿음을 가지고 하나님께 모든 것을 맡겨야 했습니다. 오로지 하나님이 주실 때만 받겠다고 하는, 전적으로 신뢰하는 위치에서 기다려야 했습니다. 그래서 마귀가 '뭘 그렇게 기다리냐. 굶고서 무슨 일을 하니. 먼저 먹고 볼 일이지'라고 계속 유혹했지만, 주님은 그 유혹에 빠지지 않으셨습니다. 우리에게도 하나님을 의심하게 하는 시험들이 얼마나 많습니까! 이겨야 합니다. 마귀는 하나님을 잘 믿도록 하는 체하면서 우리를 하나님으로부터 끌어내려고 합니다.

떡으로만 살 것이 아니요

그런데 또 한 가지 알아야 할 것은 마귀의 말속에는 무서운 거짓 진리가 담겨 있다는 것입니다. 마귀의 말이 듣기에는 현실적입니다. 배가 고프니 먹으라는 것이 잘못된 말은 아닙니다. 그러나 주님은 그 말속에 무서운 거짓이 담겨 있다는 것을 아셨습니다. 그 거짓 진리는 바로 이 세상에서 가장 중요한 것이 '떡'이라고 하는 사상입니다. 달리 말해서, 배가 부를 때 하나님도 있고 신앙도 있다는 주장입니다. 요즘 이야기로 '금전 제일주의'라는 것입니다.

　이것은 무서운 사상입니다. 무서운 악입니다. 물질문명을 자랑하고 있는 현대사회에서 사람들은 이 무서운 마귀의 사상에 깊이 물들어 있습니다. 그래서 현대인을 일컬어 '경제동물'이라고 합니다. 현대인들은 돈에 가장 민감하고, 돈에 가장 큰 가치를 두고 살기 때문입니다. 교회 일각에서는 이러한 주장을 하는 선교사들도 있습니다. "오늘날 제3세계 사람들이 요구하는 것은 복음이 아니라 빵이다. 빵이 먼저 필요하다"라고 그들은 외칩니다. 현실적으로는 옳은 말이지만 단단히 마귀의 술책에 빠진 것입니다. 오늘날 기독교 급진주의자들은, 교회가 할 수 있는 일이 가난한 사람들을 위한 구제 사업밖에 없다고 말합니다. 옳은 말 같고 당연히 그래야 할 것 같지만, 그 위장된 말속에 무서운 거짓 진리가 들어 있습니다. 남미나 아프리카의 신학자들은, 무신론이 바탕이 된 공산주의일지라도 그것이 가난을 해결해 줄 수만 있다면 교회는 받아들여야 한다는 '사회 개혁론'을 부르짖고 있습니다. 이것이야말로 급할 때는 돌로 떡을 만드는 일이 하나님을 섬기는 일보다 중요하다고 주장하는 것이나 다름없습니까.

　오늘날 교회 안에도 돈을 하나님보다 앞자리에 두고 사는 사람들이 많습니다. '사람은 빵이 있어야 해. 빵이 우선이야'라는 사고방식에 젖어 교회에 다니는 사람들이 있습니다. 그런 사람이 아주 위급한 상황을 만났을 때 하나님께 순종해야 한다고 생각하겠습니까? 이것이 옳은가 그른가를 따지기나 하겠습니까? 자기 능력껏, 자기 수단껏 마음대로 해버립니다. 돌을 떡으로 만들어 먹어 버리는 것입니다. 그리고 나서 나중에 하나님 앞에 갖가지 변명을 늘어놓습니다. 사고방식이 오염되어 있는 것입니다.

우리는 예수님의 대답을 다시 한번 마음속에 깊이 묵상해 보아야 하겠습니다. 사람은 떡으로 살지 못합니다. 사람은 하나님의 말씀으로만 살 수 있습니다. 여기에서 주의해야 할 말이 있습니다. "사람이 떡으로만 살 것이 아니요"에서 '만'이라는 글자에 주목하십시오. 'mono'라는 뜻을 가진 '만'은 예수님이 경제문제를 완전히 무시하지 않았다는 것을 말하고 있습니다. 기독교는 경제문제를 도외시하는 종교가 아닙니다. 성경 말씀은 인간의 경제문제에 대해 명확한 답변을 하고 있습니다. 그래서 예수님을 잘 믿는 사람이 많은 나라마다 부유해집니다. 성경이 가르쳐 주는 원리대로 생활하기 때문입니다. 일용할 양식을 준비해 주신다고 약속하신 하나님께서 우리가 굶주릴 때 먹고 싶어 한다는 사실에 고개를 돌리실 리가 없습니다. 성경에 비추어 보면 정당한 부(富)는 하나님이 주신 복 중의 하나입니다. 문명의 발달은 하나님이 주신 인간의 잠재력을 개발하는 하나의 과정으로 볼 수 있습니다. 그러므로 그것은 악이 아닙니다.

믿음이 좋은 사람일수록 더욱 부지런히 일해야 한다고 성경이 가르칩니다. 게으른 사람은 개미에게 가서 배우라고 성경은 충고합니다. 위대한 전도자 웨슬리(John Wesley, 1073-1791)는 "예수님을 믿는 사람은 할 수 있을 만큼 벌고, 할 수 있을 만큼 쓰고, 할 수 있을 만큼 저축해야 한다"라고 말했습니다. 이것은 예수님이 우리에게 주신 생활 원칙과 같습니다. 할 수 있을 만큼 벌고, 번 돈을 유용한 곳에 아낌없이 쓰고, 또 능력껏 저축해야 합니다. 하나님이 이런 것까지 무시하시는 것이 아닙니다. 따라서 사람이 떡으로만 사는 것이 아니라고 하는 말은 떡으로 살아야 한다는 것을 일단 전제하는 것입니다.

치명적인 두 가지 거짓말

그러나 이와 달리 마귀의 말에는 두 가지의 거짓 진리가 들어 있었습니다. 첫째는, 떡만 있으면 된다는 획일적인 사상입니다. 둘째는, 떡이 하나님보다 앞선다는 사상입니다. 이것은 치명적인 독침과 같은 거짓 진리입니다. 하나님의 말씀으로 산다는 말과 하나님으로 산다는 말은 같습니다. 그렇다면 '사람이 떡으로만 살 것이 아니요, 하나님으로 사느니라'라고 하면 오히려 더 받아들이기 쉬울 것을, 왜 하나님의 입에서 나오는 말씀으로 살아야 한다고 했습니까? 우리는 성경 말씀을 제쳐놓고는 하나님의 실체를 이해할 수 없습니다. 성경 말씀을 떠나서는 하나님을 알 수도 없고 만날 수도 없고 대화할 수도 없고 그의 뜻을 분별할 수도 없습니다. 성경 말씀은 곧 하나님 자신입니다. 이런 의미에서 '하나님으로 사느니라'와 '하나님의 말씀으로 사느니라'라는 같다고 볼 수 있습니다.

그렇다면 우리는 왜 하나님과 그분의 말씀 없이는 살지 못합니까? 모든 것이 하나님의 손에서 나오기 때문입니다. 만물이 주에게서 나오고 모든 것이 하나님의 손에서 옵니다.

> 그가 가축을 위한 풀과 사람을 위한 채소를 자라게 하시며 땅에서 먹을 것이 나게 하셔서 사람의 마음을 기쁘게 하는 포도주와 사람의 얼굴을 윤택하게 하는 기름과 사람의 마음을 힘있게 하는 양식을 주셨도다_시 104:14-15

이러한 하나님 없이 인간이 어떻게 살 수 있겠습니까? 최근 세계 곳곳에서 여러 가지 재난이 많이 일어나고 있는데, 주님의 재림이 가까워지면 이와 같은 현상이 속속 일어난다고 했습니다. 만약 미국이나 오스트레일리아나, 심지어 우리나라에 하나님이 3년만 비를 주시지 않는다면 만들어 놓은 댐이 무슨 소용이 있으며, 통장에 쌓아 둔 것이 무슨 소용이 있겠습니까? 사람이 돈만 있으면 살 수 있습니까? 세상에 바보 같은 소리! 하나님이 계시지 않으면 살 수 없습니다.

날씨가 추워지면 밤늦게 꼭 들리는 소리가 있습니다. 잠을 청하려고 조용히 누워 있는데 "찹쌀~떡!" 하고 외치는 음성이 바로 그것입니다. 그래서 가끔 나가서 사기도 하는데, 한번은 "하루에 얼마나 버니?" 하고 물어보았습니다. "예, 그대로 다 팔리면 5천 원 벌어요."

그 추운 밤에 다른 사람들은 난방이 잘 되는 방에서 두 다리 쭉 뻗고 자는데…. 그런데 만약 그 아이들에게 "사람에겐 돈이 최고야!"라고 가르친다면 이들이 얼마나 비참한 존재가 되겠습니까! 제가 담임하고 있는 교회 교인 중에는 구두닦이를 하시는 분도 계십니다. 자동차 세차업으로 생계를 유지하는 분도 계십니다. 그런 사람들에게 "돈이 있어야 해. 돈이 최고야"라고 말한다면, 어느 누가 성실하게 일하며 살고 싶겠습니까? 마귀의 소리가 얼마나 악한 사상을 담고 있는지 우리는 알아야 합니다. 인간이 돈으로만 살 수 없는 이유를 또 하나 들어봅시다.

하나님의 말씀이 없는 사회

주 여호와의 말씀이니라 보라 날이 이를지라 내가 기근을 땅에 보내리니 양식이 없어 주림이 아니며 물이 없어 갈함이 아니요 여호와의 말씀을 듣지 못한 기갈이라_암 8:11

이스라엘이 돈이 없어서 망하는 것이 아니라 하나님의 말씀이 없어서 망하고 있다는 말입니다. 아모스 시대의 이스라엘은 경제적으로 굉장히 부유했습니다. 군사적으로도 안정되어 있었습니다. 요즈음으로 말하자면 흑자 시대를 사는 사람들이었습니다. 그러나 물질 만능주의가 팽배해 지도자로부터 백성에 이르기까지 온통 돈으로 일괄하는 삶을 살았습니다. 사람들이 점차 하나님의 말씀을 등한시하게 되었습니다. 말씀을 가르칠 선지자도 필요 없게 되었고 자연히 하나님의 말씀이 들리지 않는 암흑시대가 되었습니다. 그때부터 돈이 하나님이 된 것입니다. 돈! 돈! 돈! 그 결과 이스라엘이 무서운 사회로 전락해 버렸습니다. 권력이 없는 자들은 비참하게 착취를 당했고, 곳곳에서 부정부패가 속출하고, 종교 생활은 위선으로 바뀌고, 돈을 얼마나 가졌느냐로 사람을 평가하는 사회가 되었던 것입니다. 그 후 이스라엘은 30년도 못 가서 완전히 망했습니다.

얼마 전 모 신문사에서 한 여론조사 결과를 보았습니다. 이 세상에서 제일 귀한 것이 무엇이냐는 질문에 청소년들의 80%가 '돈'이라고 대답했습니다. 우리가 자식을 키울 때, "세상을 살려면 돈을 벌어야 해. 그렇게 하기 위해서는 일류 대학에 들어가야 해"라고 가르친다면 이 아이들이 커서 무엇이 되겠습니까? 돈이 전부가 아닙니다. 하나님이 있어야 합니다. 하나님의 말씀으로 인생을 살아야 합니다. 어릴 적부터 아이의 마음속에 하나님이 인생의 전부라는 것을 가르쳐 준다면 그 아이의 장래는 걱정하지 않아도 될 것입니다.

아모스 시대의 이스라엘처럼 돈만 아는 지도자가 다스리는 나라는 비참하게 됩니다. 돈이 없는 사람은 짓밟히고, 살 가치조차 없을 것입니다. 하나님의 말씀이 살아 움직이는 나라, 그 나라에 희망이 있습니다. 하나님의 말씀은 돈이 없는 사람일지라도 사람대우를 받게 하시고, 말씀으로 인하여 더 높고 고상한 목적을 두고 절제하게 하시며, 사람이 사람답게 살 수 있는 터전을 만들어 주십니다.

오늘날 대한민국을 구제하고 치료할 수 있는 길은 하나님의 말씀을 아는 그리스도인들에게 달려 있습니다. 답답하게도, 신자들까지 이 마귀의 사상에 물들어 가고 있는 것 같습니다. 마귀는 "사람은 떡만 있으면 된다. 경제가 제일이야. 돈이 있어야 사람 구실을 할 수 있어. 그다음이 신앙이야"라고 말합니다. 하지만 예수님은 이렇게 말씀하십니다. "사람이 떡으로도 살 수 있지만, 하나님의 말씀으로 살게 된다. 하나님의 말씀이 없으면 인간은 인간답게 살 수가 없어"라고 말씀하십니다. 여러분은 어느 쪽을 택하시겠습니까?

이 글을 읽고 여러분의 마음속에 찔리는 것이 있다면 성령께서 깨우쳐 주시는 것인 줄 알고 겸손히 받아들여야 합니다. 자신도 모르게 마귀의 사상에 오염되어 있었다면, 이 시간 입을 열고 회개하십시오. 주님 앞에서 새 마음을 얻으십시오. "그렇습니다. 주님! 빵이 전부가 아닙니다"라고 고백해야 합니다. 40일 동안 굶주려도 우리는 끝까지 그렇게 말할 수 있는 사람이 되어야 합니다.

예수님의 말씀을 우리 생활신조로 삼읍시다. 그렇게 해야만 이 나라 이 민족이 살 수 있습니다. 물질주의에 오염되어 있는 이 사회를 구제할 수 있는 것은 이 길밖에 없습니다. "사람이 떡으로만 사는 것이 아니요, 하나님의 말씀으로 사는 것이다." 우리 모두 이 말씀을 깊이 명심합시다. 마귀의 유혹이 강하면 강할수록 이 말씀은 우리에게 더 큰 힘이 될 것입니다.

3

예수님이 이긴 시험 II

하나님을
시험하라

하나님의 말씀을 고의로 시험하는 것은 바로 하나님 자신을 불신하는 악입니다.
마귀는 항상 하나님의 말씀을 시험하라고 합니다.
그러나 성령은 항상 '네 신앙을 점검해 보라'라고 합니다.

마태복음 4:5-7

5 이에 마귀가 예수를 거룩한 성으로 데려다가 성전 꼭대기에 세우고 6 이르되 네가 만일 하나님의 아들이어든 뛰어내리라 기록되었으되 그가 너를 위하여 그의 사자들을 명하시리니 그들이 손으로 너를 받들어 발이 돌에 부딪치지 않게 하리로다 하였느니라 7 예수께서 이르시되 또 기록되었으되 주 너의 하나님을 시험하지 말라 하였느니라 하시니

하나님을 시험하라

북한에서 탈출한 김만철(金萬鐵) 씨 일가족의 이야기가 매스컴을 통해 많은 사람의 관심을 끌었던 적이 있습니다. 그들이 천신만고 끝에 일본에 닿기는 했지만, 조총련(재일본조선인총연합회)의 간부들은 김 씨 가족을 다시 북한으로 돌려보내려고 갖은 회유를 다 했습니다. 그 당시 북한에서 김 씨 가족을 다시 끌고 가려고 공해 선상에 그들의 경비정을 대기시켜 놓았다는 보도를 접하면서 우리는 얼마나 가슴을 졸였는지 모릅니다.

저는 이 사건을 돌이켜 보면서 신앙생활을 하는 우리들의 입장과 비슷하다는 생각이 들었습니다. 북한 공산주의자들이 왜 그처럼 수단 방법을 가리지 않고 김 씨 가족을 끌어가려고 했겠습니까? 그들이 공산 집단으로부터 탈출했기 때문이었습니다. 오늘날 예수님을 믿는 하나님의 자녀가 왜 시험을 받습니까? 그 까닭은 마귀의 지배 아래서 벗어났기 때문입니다. 마귀의 시험을 받는다는 것은 하나님의 자녀라는 것을 증명해 주는 좋은 증거가 됩니다.

한나 스미스(Hannah Tatum Whitall Smith, 1832-1911)는 그의 저서에서

이런 이야기를 했습니다. "원래 예수님을 믿기 전에는 시험이 없다. 그리고 예수님을 믿어도 초기에는 시험이 적을 수 있다. 오히려 우리가 하나님의 자녀로서 확신을 갖고 믿음을 굳게 가지고 올바른 경건 생활을 하려고 할 때 시험이 배나 많아진다." 또한 그는 "이스라엘 백성이 출애굽을 한 지 얼마 되지 않았을 때는 싸울 대상도 얼마 되지 않았고 치열한 전투를 벌인 적도 없었는데, 정작 가나안에 들어오고 나서는 7부족과 밤낮없이 전투를 해야 했고, 31명의 왕과 끊임없는 대결을 벌여야 했다"라고 지적했습니다. 그것은 곧 그들이 하나님의 백성이라는 것을 증명해 주는 근거가 되었던 것입니다.

이와 마찬가지로 우리도 높은 믿음의 단계에 이르기까지 성장하면 과거 초신자였을 때 경험하지 못했던 마귀의 시험을 강하게 받을 수 있습니다. 따라서 우리는 시험을 긍정적으로 살펴야 합니다. 시험 그 자체는 죄가 아니라는 말이 있습니다. 옳은 말입니다. 우리가 그 시험에 걸려 넘어지지 않는 한, 시험 자체가 죄가 될 수는 없습니다.

시장 바닥을 지나가는데, 어떤 못된 사람으로부터 험하게 퍼부어 대는 욕설을 들었다고 합시다. 그 소리를 듣는 것이 죄가 되는 것은 아닙니다. 이와 같이 시험을 당하는 것 자체는 시장 바닥에서 욕지거리 하는 사람의 말을 듣는 것이나 다름없습니다. 그 자체가 악한 것이 아니라 그 시험에 걸려 넘어가서 마귀와 결탁할 때 죄가 되는 것입니다.

○ ○ ○ ○ ○ ○
뛰어내리기만 하면

떡으로 예수님을 시험하려다가 실패한 마귀가 이번에는 예수님을 거룩한 성전 꼭대기에 세우는 장면이 마태복음 4장 5절에 나옵니다. 거룩한 성전 꼭대기가 어디를 가리키는지 자세하게 나와 있지는 않지만, 학자들은 일반적으로 이 지점을 성전 동쪽에 있는 성곽 날개 끝으로 추정하고 있습니다. 그 동쪽 성곽 날개 아래로는 기드론 골짜기가 있어서 450피트 즉 100m 이상 되는 높은 절벽을 이루고 있습니다. 이곳은 예수님의 동생 야고보가 순교한 장소이기도 합니다. 야고보는 기도하는 모습으로 절벽 꼭대기에서 낭떠러지 아래로 떨어져 순교했다는 말이 전해지고 있습니다.

마귀는 여기에서 이런 말로 예수님을 유혹했습니다. "하나님이 말씀하시길, 네가 뛰어내리기만 하면 너를 위해 천사들을 명하여 너의 발이 돌에 부딪히지 않도록 해 주시겠다고 시편에 나와 있잖니. 한번 뛰어내려 봐. 그래서 천사들의 옹위를 받아서 조금도 해를 받지 않고 땅 위에 선다면 그때야말로 세상이 너를 메시아라고 인정해 줄 것이요, 모든 사람이 너를 따라올 것이다. 그러니 한번 뛰어내려 보라!" 만약 예수님이 이 유혹에 넘어가셨다면 어떻게 되었겠습니까? 그는 하나님의 말씀을 고의로 시험하는 죄를 범하게 되어 분명히 하나님께 영광을 돌리지 못하고 말았을 것입니다.

말씀을 저울 위에 올려놓지 말라!

여기에서 우리가 반드시 확인해야 할 것이 있습니다. 하나님을 시험하는 것이 무엇인가 하는 것입니다. 간단하게 두 가지로 나누어 볼 수 있습니다.

첫째로, 하나님의 말씀을 고의로 떠보는 것이 하나님을 시험하는 것입니다. 예수님이 성전 꼭대기에서 뛰어내려야 할 이유가 있었습니까? 아무런 명분이나 이유가 없음에도 불구하고 마귀는 뛰어내리라고 합니다. 정말 천사가 와서 예수님의 발을 받들어 죽지 않고 사는지 한번 시험해 보자는 것입니다. 얼마나 무서운 시험입니까! 예수님이 왜 뛰어내리지 않으셨습니까? 마귀가 인용했던 시편 91편의 말씀은 성전 꼭대기에서 하나님을 시험하기 위해 뛰어내리는 사람에게 주신 말씀이 아니기 때문입니다.

그런데 전설에 의하면 수년 후에 마술사 시몬이 자기의 추종자들을 데리고 예루살렘 성전에 와서 바로 예수님이 섰던 성곽 날개 위에 섰다고 합니다. 그리고 그는 "예수님은 여기서 뛰어내리지 못했지만, 나는 뛰어내린다. 뛰어내리면 하나님이 분명히 천사들을 보내어 나를 받아 줄 것이다"라고 말하고는 뛰어내렸다고 합니다. 그가 어떻게 되었겠습니까? 물론 죽었습니다. 시몬만 죽은 것이 아니었습니다. 그를 따라서 뛰어내린 사람들은 모두 죽었습니다.

하나님의 말씀을 고의로 시험하는 것은 바로 하나님 자신을 불신하는 악입니다. 하나님이 자기를 테스트하는 것을 얼마나 싫어하시는지, 어떤 명분으로라도 용납하지 않으십니다. 인간이 약해서 자기도 모르게 무의식적으로 하나님을 시험하는 것까지도 하나님은 싫어하시며, 심지어는 벌하시는 것을 우리는 봅니다.

이스라엘 백성이 애굽에서 나왔을 때의 일입니다. 물이 없어서 몹시 고통을 당할 때 이스라엘 백성들은 견디다 못해 하나님을 원망하기 시작했습니다. 애굽에서 살다가 죽도록 내버려 두지 않고 왜 끌고 나왔냐고 모세를 원망하기 시작했습니다. 말씀으로 보아서는 겉으로 원망만 한 것 같은데, 하나님께서는 그들의 마음속 밑바닥에 하나님을 시험하는 마음이 깔려 있다는 것을 지적하셨습니다.

> 그가 그곳 이름을 맛사 또는 므리바라 불렀으니 이는 이스라엘 자손이 다투었음이요 또는 그들이 여호와를 시험하여 이르기를 여호와

그들이 여호와를 마음에서부터 시험했다는 말입니다. '어디 보자, 하나님이 우리를 젖과 꿀이 흐르는 가나안으로 인도한다고 했는데, 과연 우리를 죽지 않게 하고 가나안으로 인도하나 안 하나 한번 보자'라고 시험하는 마음이 이스라엘 백성들의 마음 밑바닥에 깔려 있었다는 말입니다. 그 결과 하나님이 그들에게 무섭게 진노하셨습니다. 그 후 또 그런 일이 생기자 하나님은 불뱀을 보내어 이스라엘 백성을 물어 죽이도록 하셨습니다(민 21:4-9 참조). 하나님은 자신을 시험하는 사람들을 얼마나 싫어하시는지 모릅니다. 하나님을 못 믿어서 하나님의 말씀을 저울에 얹어 놓고, 이렇게 달아보고 저렇게 달아보는 사람들을 얼마나 싫어하시는지 모릅니다. 마귀가 그것을 알기 때문에 하나님의 자녀에게 하나님을 시험하라고 계속 충동질하는 것입니다.

마귀의 시험에 자주 넘어지는 사람은 믿음이 약한 사람들입니다. 믿음이 약하면 마귀의 시험에 빠지기 쉽습니다. 교회에 다녀도 무엇인가 잘 풀리지 않으면, "성경 말씀대로 해보아도 별수가 없더라"라고 말하는 어린 신자들이 있습니다. 그 사람의 마음 밑바닥에는 하나님을 시험하는 마음이 담겨 있는 것입니다. 또 어떤 사람은 형편이 몹시 궁해지자, '하나님께서 이렇게 하면 복 주신다고 했지. 하나님께서 그대로 해 주시나 안 해 주시나 한번 해보자' 하는 은근한 마음을 갖고 행동하기도 하는데, 이러한 것도 역시 하나님을 시험하는 것입니다. '아파트를 당첨시켜 주면 이러이러한 것을 하겠다'라는 식으로 자기 나름대로 조건을 걸고 하나님과 씨름하는 사람도 있습니다. 이것도 하나님을 시험하는 것입니다.

흔히들 십일조를 가지고 시험을 많이 합니다. 말라기에 보면 십일조를 가지고 하나님을 시험해 보라는 말이 있습니다(말 3:7-12 참조) '너희들이 십일조를 해보라. 그래서 하나님이 너희 곳간을 가득히 채워 주시나 안 채워 주시나 한번 테스트해 보라'라는 말씀이 있습니다. 많은 사람이 그 말씀을 인용하여 십일조를 가지고 하나님을 테스트하는 예를 자주 봅니다.

초신자인 어느 택시 기사의 이야기입니다. 그는 십일조만 하면 하나님이 곳간을 채워 주신다고 했으니 수입의 1/10은 꼭 하나님께 드려 보자고 열심히 십일조를 했다고 합니다. 그랬더니 과연 몇 달 만에 하나님께서 크게 복을 주셨다고 간증한 글을 본 적이 있습니다. 신앙이 어린 만큼 하나님께서 그의 믿음대로 갚아 주셨다고 봅니다.

그러나 그 택시 기사의 태도가 썩 좋다고 말할 수는 없습니다. 그러면 왜 하나님은 십일조를 가지고 시험해 보라고 하셨겠습니까! 말라기 선지자 당시의 이스라엘 사람들은 너무나 인색했습니다. 하나님의 것을 예사로 도적질하는 타락한 인간들이었습니다. 그렇기 때문에 하나님께서는 말라기 선지자를 통해서 그들을 깨우쳐 주기 위하여 "너희는 하나님의 것을 도적질하지 말고 십일조를 하라. 내가 너희 곳간을 채워 주지 않나 시험해보라"라고 말씀하신 것입니다. 사람들의 마음이 너무 악해 조금이나마 돌려 보시려는 안타까운 마음에서 그 말씀을 하신 것이지, 자기를 항상 시험해도 좋다는 구실을 주려고 하신 말씀이 아닙니다.

이것과 비슷한 예를 율법에서 찾아볼 수 있습니다. 모세는 백성들에게 이혼을 하려면 반드시 이혼 증서를 쓰고 이혼을 하라고 했습니다. 그러자 바리새인들이 예수님을 찾아가서 "주여, 모세는 이혼을 하라고 가르쳤습니다. 당신은 어떻게 생각합니까?" 하고 다그쳤습니다. 그랬더니 예수님은 "모세가 너희에게 이혼을 해도 된다고 한 것은 너희들의 본성이 너무 악하기 때문이지, 본래는 하나님이 짝지어 준 것을 사람이 나누지 못하는 것이다"라고 주님의 원칙을 가르쳐 주셨습니다(마 19:3-12 참조). 말라기에서 하나님을 시험해 보라고 한 것도 이러한 맥락에서 이해해야 합니다. 그러므로 어떤 형태든지 하나님의 말씀을 가지고 하나님을 시험할 수는 없습니다. 하나님은 스스로 신실하신 분입니다.

> 내 입에서 나가는 말도 이와 같이 헛되이 내게로 되돌아오지 아니하고 나의 기뻐하는 뜻을 이루며 내가 보낸 일에 형통함이니라
> _사 55:11

하나님은 한 마디라도 헛된 말씀을 우리에게 주신 일이 없습니다. 한 말씀도 땅에 떨어지는 일이 없습니다. 하나님은 자기 이름을 가지고 하신 말씀에는 끝까지 책임을 지십니다. 시험할 필요가 없습니다. 그대로 믿기만 하면 됩니다. 그대로 믿고 순종하는 자에게 하나님은 약속하신 말씀을 실천해 주십니다.

말씀을 가볍게 보지 말라

둘째로, 하나님을 시험한다는 것은 하나님의 말씀을 오용하거나 가감하는 것을 말합니다. 마귀가 시편 91편을 인용하여 예수님을 시험했습니다. 마귀는 하나님의 말씀을 잘 알고 있습니다. 그래서 시편 91편의 말씀을 그럴듯하게 인용했지만, 이 말씀은 성전 꼭대기에 서서 뛰어내릴 준비를 하고 있는 사람에게 하신 말씀이 아닙니다. 근본적으로 말씀을 오용한 것입니다. 그렇다면 시편 91편의 말씀은 누구에게

약속하신 말씀입니까?

> 지존자의 은밀한 곳에 거주하며 전능자의 그늘 아래에 사는 자여
> _시 91:1

믿음으로 하나님을 의지하고 하나님의 보호 아래 거하기를 원하는 자에게 약속하신 말씀입니다. 하나님의 말씀을 시험하려고 벼랑 위에 서서 뛰어내릴 준비를 하고 있는 사람에게 적용되는 말씀이 아닙니다.

> 하나님이 이르시되 그가 나를 사랑한즉 내가 그를 건지리라 그가 내 이름을 안즉 내가 그를 높이리라 그가 내게 간구하리니 내가 그에게 응답하리라 그들이 환난 당할 때에 내가 그와 함께하여 그를 건지고 영화롭게 하리라_시 91:14-15

이 말씀은 누구에게 약속하신 말씀입니까? 하나님이 사랑하는 자에게, 하나님을 알고 이름을 높이는 자에게, 하나님께 진실로 기도하는 자에게 약속하신 말씀입니다. 아무 때나 이 말씀을 인용한다고 해서 천사가 와서 우리의 발을 받들어 준다는 그런 말이 아닙니다. 마귀는 말씀을 크게 오용하고 있습니다. 또 마귀는 말씀을 가감합니다. 다시 말하면, 적당하게 말씀을 빼서 인용한다는 것입니다.

> 그가 너를 위하여 그의 천사들을 명령하사 네 모든 길에서 너를 지키게 하심이라 그들이 그들의 손으로 너를 붙들어 발이 돌에 부딪히지 아니하게 하리로다_시 91:11-12

마귀는 이 말씀 가운데서 "네 모든 길에서 너를 지키게 하심이라"를 빼버렸습니다. 그리고는 "그가 너를 위하여 그 사자들을 명하시리니 그들이 손으로 너를 받들어 발이 돌에 부딪치지 않게 하리로다"라고 묘하게 갖다 붙이고는 중간 부분을 쏙 빼버린 것입니다. 하나님께서는 우리 인생의 모든 여정을 지켜 주신다고 말씀하셨습니다. 벼랑 꼭대기에서 지켜 주시겠다고 말씀하지 않으셨습니다. 그런데 마귀가 이 말씀을 묘하게 빼 버린 것입니다. 이처럼 하나님의 말씀을 자기 멋대로 적당히 빼 버리기도 하고 붙이기도 하는 것이 곧 하나님을 시험하는 것입니다.

오늘날 많은 사람이 하나님의 말씀을 자기주장대로 적당히 빼기도 하고 붙이기도 합니다. 자기 비위에 맞는 말은 받아들이고, 맞지 않는 말은 거부하려고 합니다. 이것은 하나님의 말씀을 신실하게 믿지 않는다는 증거입니다. 그 사람의 마음 밑바닥에 하나님을 시험하는 마음이 숨어 있는 것입니다. 아침에 일어나 성경을 적당히 펴서 손가락 끝이 닿는 절을 딱 떼서 한 절 읽어보고, "오늘 하나님이 이 말씀을 나에게 주셨구나. 아멘"이라고 말하고 행동하는 사람은 성경을 점치는 책으로 만드는 것입니다.

어떤 믿음 약한 선교사의 이야기입니다. 선교사라고 다 믿음이 좋은 것은 아닙니다. 믿음이 약한 선교사가 무더운 아프리카에서 선교 사업을 하자니 여간 힘들지 않았을 것입니다. 성경을 평소에 열심히 읽지 않는 그는 아침에 일어나면 성경을 탁 펴서 손가락 끝이 가는 곳을 보는 습관이 있었습니다. 그 구절만 읽어보고, "아, 이것이 오늘 하나님께서 내게 주시는 말씀이구나" 하고 지나가는 것이었습니다. 그런데 어느 날 이사야 14장 9절이 손가락 끝에 걸렸습니다. "아래의 스올이 너로 말미암아 소동하여 네가 오는 것을 영접하되." 즉, 지옥에 거하는 자들이 너를 맞을 준비를 하고 있다는 이야기입니다. 그 선교사가 얼마나 기절초풍을 했겠습니까! 정말 한심한 일입니다.

우리는 하나님의 말씀을 진지하게 받아야 합니다. 현대 교회의 문제 중 하나가 강단에서 하나님의 말씀을 진지하게 검토하고 연구해서 가르치지 않고, 적당하게 목사의 생각에 맞는 말씀만 뽑아내어 가르치는 것입니다. 성경을 잘 모르는 평신도들은 단순하니까 아멘, 아멘 하는데, 성경을 보는 눈이 열리고 말씀을 구체적으로 배운 사람은 점차 회의에 빠지는 경우가 적지 않습니다. 하나님의 말씀을 진지하게 공부해야 합니다. 우리가 이해하지 못한다고 해서 하나님의 말씀이 잘못된 것이 아니요, 우리의 눈에 모순처럼 보인다고 해서 하나님의 말씀이 거짓된 것이 아닙니다. 우리가 어려움을 당할 때 천사가 와서 우리의 발을 붙들어 주지 않는다고 해서 하나님이 거짓말한 것이 아닙니다. 천사가 꼭 도와주어야 할 때는 하나님께서 꼭 돕게 만드십니다. 독을 마셔도 죽지 않아야 할 때는 죽지 않게 하신다는 것을 우리는 많은 선교사를 통해 들었습니다. 그러나 '독을 마셔도 하나님이 살게 하는지 어디 한번 보자' 하는 사람은 열이면 열, 백이면 백 다 죽었습니다. 하나님의 말씀을 가볍게 보아서는 안 됩니다. 시험해서는 더더욱 안 됩니다.

너, 자신을 시험하라

마귀는 항상 우리에게 하나님을 시험하라고 충동질합니다. 그러나 성령은 우리에게 '너 자신을 시험해 보라'라고 충고합니다(고후 13:5 참조). 또 마귀는 항상 하나님의 말씀을 시험하라고 합니다. 그러나 성령은 항상 '네 신앙을 점검해 보라'라고 합니다(갈 6:1 참조). 하나님의 말씀이 의심스러운 이유가 믿음 약한 신자에게 있는 것이지 하나님의 말씀 그 자체에 있는 것이 아니라는 사실을 성령께서 가르쳐 주십니다. 당신은 어느 편에 서 있습니까?

예수님이 당한 시험을 통해 매우 중요한 사실을 하나 발견할 수 있습니다. 마귀는 예수님을 성전 꼭대기에 세워서 뛰어내리라고 유혹은 했지만, 뒤에서 예수님을 밀어내지는 못했다는 것입니다. 마귀는 절대 그렇게 하지 못합니다. 그럴 능력이 없습니다. 마찬가지로, 오늘날 마귀는 우리에게 하나님을 시험하라고 유혹할 수는 있어도, 우리가 하나님을 시험하도록 떨어뜨리지는 못합니다.

우리는 하나님의 자녀입니다. 악한 자가 와서 만지지도 못하게 하나님이 우리를 지켜 주십니다. 아무리 마귀가 우리를 유혹한다고 할지라도 마귀와 결탁하지 않는 한, 우리는 안전합니다. 그러므로 하나님의 말씀을 열심히 배우십시오. 하나님의 말씀에 붙들리면 마귀의 시험에 농락당하지 않습니다. 믿음을 키우십시오. 그러면 하나님의 말씀의 검을 들고 이 세상을 힘 있게 살아갈 수 있습니다.

4

예수님이 이긴 시험 Ⅲ

하나님을 배신하라

사람에게 있어서 가장 중요한 것은 하나님을 경배하고
하나님만 섬기는 것이라고 했습니다. 이것이 인간의 최대 목표입니다.

마태복음 4:8-11

8 마귀가 또 그를 데리고 지극히 높은 산으로 가서 천하만국과 그 영광을 보여 9 이르되 만일 내게 엎드려 경배하면 이 모든 것을 네게 주리라 10 이에 예수께서 말씀하시되 사탄아 물러가라 기록되었으되 주 너의 하나님께 경배하고 다만 그를 섬기라 하였느니라 11 이에 마귀는 예수를 떠나고 천사들이 나아와서 수종드니라

하나님을 배신하라

지금까지 우리는 예수님을 유혹했던 마귀의 두 가지 시험을 살펴보았습니다. 그러나 세 번째 시험은 마귀가 제일 끝에 내놓은 비장의 카드인 만큼 앞에서 행한 첫 번째, 두 번째 시험과는 그 성격이 다르다고 할 수 있습니다.

먼저 배경을 살펴봅시다. 마귀는 예수님을 모시고 높은 산꼭대기로 올라갔습니다. 그리고는 천하만국과 그 영광을 보여 주었습니다. 예수님이 실제로 높은 산꼭대기로 올라갔는지, 아니면 환상 가운데서 그와 같은 상황에 놓여 있었는지 우리는 정확하게 알 수 없습니다. 그러나 어떤 방법에 의해서인지 모르지만, 예수님이 온 천하와 그 영광을 볼 수 있는 자리에 서셨는데 그때 마귀가 예수님 앞에서 이렇게 말했습니다. "내게 엎드려 절하라! 그러면 이것들을 다 너에게 주겠다." 마귀의 이러한 꼬임을 받고 예수님은 바로 "사탄아, 물러가라! 기록되었으되 주 너의 하나님께 경배하고 다만 그를 섬기라 하였느니라!"라고 단호히 거절하셨습니다.

드디어 마귀의 시험이 끝났습니다. 천사가 내려와 예수님의 기진

맥진한 몸을 붙들어 일으키고 하늘의 신령한 양식으로써 굶주린 예수님을 회복시켰다고 성경은 기록하고 있습니다.

산꼭대기에서 시험하다

우리가 마귀의 세 가지 시험을 종합하여 살펴볼 때 이 시험의 강도가 점차 증가하고 있다는 것을 알 수 있습니다. 처음에는 빵 문제를 가지고 시험하고, 두 번째는 인기 문제를 두고 시험하고, 그다음에는 드디어 세상의 모든 영광을 다 주겠다는 매우 높은 차원의 시험으로 끌고 올라가는 것을 보게 됩니다. 시험하는 환경을 보아도 그렇습니다. 처음에는 돌멩이만 수두룩하게 쌓여 있는 광야에서, 두 번째는 성전의 휘황찬란한 영광의 모습이 보이는 성전 꼭대기에서, 세 번째는 드디어 전 세계가 다 보이는 높은 산꼭대기로 데리고 가 시험하는 것입니다. 어떻게 보면 다음의 말씀과 비슷한 시험이 아닌가 생각됩니다.

> 이는 세상에 있는 모든 것이 육신의 정욕과 안목의 정욕과 이생의 자랑이니 다 아버지께로부터 온 것이 아니요 세상으로부터 온 것이라_요일 2:16

인간적인 측면에서 보면 마귀는 먼저 육신의 정욕을 시험하고, 두 번째로 안목의 정욕을 자극하는 시험을 하고, 세 번째에는 이 세상의 것을 자랑하게 만드는 성격을 시험합니다. 또한 예수님과 하나님의 관계에서도 처음에는 하나님을 의심하게 하는 시험을 하고, 두 번째는 하나님을 단도직입적으로 떠보는 시험을 하고, 세 번째는 하나님을 아예 배신하게 하는 시험을 합니다. 시험의 목적이 발전하고 있습니다. 이러한 사실에서 마귀가 얼마나 치밀한 계략과 분명한 목표를 가지고 예수님을 공략했는지 우리는 잘 알 수 있습니다. 그러나 우리 예수님은 이 모든 시험을 다 이기신 분입니다. 마귀가 치밀한 계획과 분명한 목표를 가지고 주님을 정확하게 공격했음에도 우리 주 예수 그리스도께서는 이 모든 시험을 이기셨습니다.

마귀가 예수님을 마지막으로 시험한 방법을 가만히 보면, 에덴동산에서 아담과 하와를 유혹하던 그것과 매우 흡사하다는 것을 알 수 있습니다.

견물생심이라고 하는 인간의 심리를 묘하게 이용하여 눈앞에 갖다 보여 줌으로써 욕심을 일으키는 방법을 사용한 것입니다. 아담과 하와가 에덴동산에서 마귀가 유혹하는 말을 듣고 난 뒤에 "그 나무를 본 즉"이라는 말이 성경에 기록되어 있습니다. 그들이 보았기 때문에 마음이 흔들렸고, 결국은 선악과를 따 먹고 말았습니다. 이와 똑같은 수법으로 마귀는 세상의 영광을 예수님 눈앞에 모두 보여 준 다음에 예수님을 시험한 것입니다.

우리가 아는 바와 같이 이 세상은 그 나름대로 영광이 있습니다. 비록 세상이 인간의 타락으로 인하여 하나님 앞에 저주를 받았지만, 하나님이 만드신 이 피조물이 갖는 영광의 일부는 그대로 남아 있습니다. 자연의 아름다움이 그 좋은 예라고 할 수 있습니다. 이 세상의 모든 만물이 가지고 있는 고유한 매력도 다 없어지지는 않았습니다. 이 세상의 돈, 이 세상의 부귀, 이 세상의 권력, 이 세상의 쾌락 등 이것들은 이것 자체로서 우리를 충분히 끌어당길 수 있는 매력과 영광이 있습니다. 우리가 이것을 부인할 수는 없습니다.

인물이 좋은 사람은 그 인물로 인해서 누릴 수 있는 것이 있습니다. 돈이 많은 사람은 돈으로 인해 만족하는 부분이 있습니다. 정치를 통해 권력을 휘두르는 사람은 그 매력을 끊어 버리지 못합니다. 철학을 공부하는 사람은 공부를 할수록 그 깊이에 매료되어 다른 것에 눈이 돌아가지를 않습니다. 과학의 신비에 눈을 뜨기 시작하면 그 놀라운 신비 앞에서는 다른 것이 아무것도 아닌 것처럼 생각되기도 합니다. 분명히 세상의 매력과 영광이 있습니다. 마귀가 이것을 들고나온 것입니다.

멀리서 보아야 좋은 세상

그러나 여기서 한 가지 곰곰이 생각해 보아야 합니다. 마귀가 예수님을 높은 산꼭대기에 세워서 멀리 천하만국을 바라보게 하고 천하의 영광을 보게 한 데에는 의미가 있습니다. 왜 가까이에서 보여 주지 않고 먼 산꼭대기에서 보게 했습니까? 예루살렘 성전의 그 영광스런 모습, 아테네의 멋있는 신전들, 로마제국의 찬란한 문화, 아침 햇살에 찬란하게 빛나는 돔의 휘황찬란한 매력 등 이것들은 멀리서, 또 높은 곳에서 보아야 더 매력이 있을 겁니다. 세상의 영광은 멀리서 볼 때 좋습니다. 가까이서 보면 다 실망합니다. 그래서 아마 마귀가 예수님을 가까이 데려가지 않았을 것입니다.

우리가 때때로 아름다운 자연의 경치를 대할 때 참 기분이 좋습니다. 그러나 숲속을 헤치고 들어가 보면 그곳에서 크고 작은 동물들의 무서운 살생이 벌어지고 있다는 사실 또한 알게 됩니다. 겉으로, 멀리서 보기에는 그렇게 아름답게 보이지만 말입니다.

권력은 사람을 사로잡는 힘을 가지고 있습니다. 그러나 잘못된 권력은 얼마나 무섭고 악한지, 권력에 한번 눈이 어두워지면 그 권력을 유지하기 위해 어떤 수단과 방법도 가리지 않는 잔혹한 사람으로 변하기 쉽습니다. 떼돈을 벌어서 호화롭게 사는 사람을 가까이 가서 보면 냄새가 코를 찌릅니다. 얼마나 많은 사람을 속였는지, 얼마나 많은 사람을 손해 보게 했는지…. 세상 이치가 다 그렇습니다. 멀리서 볼 때 매력이 있지, 가까이 가서 보면 매력이 없습니다.

"헛되고 헛되며 헛되고 헛되니 모든 것이 헛되도다"(전 1:2). 이것이 전도서의 주된 주제입니다. 하나님께서는 전도서를 통해 이 세상 영광의 밑바닥을 완전히 뒤집어 놓으셨습니다. 겉으로 아름답게 치장하고 포장해 놓은 것을 완전히 뜯어버리고 내면이 얼마나 추악한가를 노골적으로 다 파헤쳐 놓은 것이 전도서입니다. 전도서를 읽으면 이 세상에 대한 매력을 느끼지 못하게 됩니다. 그래서 마귀는 우리가 전도서를 들여다보는 것을 싫어합니다. 우리가 멀리서 세상 영광을 보고 거기에 매료되어서 끌려가도록 합니다. 여기에 얼마나 많은 사람이 녹아나는지 모릅니다. 얼마나 많은 신자가 여기에 다 망해 떨어지는지 모릅니다.

눈으로 보는 것에 주의하십시오. 마음을 두고 보아야 할 것과 마음을 두지 말고 보아야 할 것을 구별하십시오. 눈에 들어오는 것마다 욕심을 품으면 여지없이 마귀의 속임에 넘어가게 됩니다. 헛된 세상 영광에 매료되어 돈의 노예가 되거나, 아니면 명예의 노예가 되고, 나중에는 성공! 성공! 성공! 하다가 많은 사람을 해치는 잔혹한 사람이 되어 버립니다.

남자들은 여자들을 보는 눈을 주의하십시오. 직장에서 뛰는 사람들은 소위 성공이니, 명예니, 돈이니 하는 것들을 보는 눈을 주의하십시오. 여성들은 가정에서 주변의 모든 돌아가는 일을 보는 것을 주의하십시오. 이웃집과 비교하는 눈을 주의하십시오. 여러분의 마음에 조그마한 틈만 있어도 마귀는 교묘히 그것을 이용하여 여러분에게 충동질하기 때문입니다.

네가 내게 절하면

또 하나, 마귀는 감언이설로 예수님을 속이려고 했습니다. 한글 성경에는 "만일 내게 엎드려 경배하면"이라는 말이 먼저 나오지만, 헬라어 성경에서는 "이 모든 것을 네게 주리라"라는 말이 먼저 나옵니다. 마귀가 에덴동산에서 아담과 하와를 속일 때도 마찬가지입니다. "너 이거 먹으면, 너희 두 사람은 하나님처럼 된다. 내가 너를 하나님처럼 만들어 주마"라고 속인 수법과 같은 것입니다. 이것은 또한 잠언에 나오는 음녀의 말과도 같습니다. 음탕한 여자가 남자를 유혹할 때 그 입술은 꿀을 흘리는 것처럼 달콤하고 그 입은 기름보다 미끄럽지만, 나중에는 쑥같이 쓰고 두 날 가진 칼처럼 날카로워 한번 그 칼에 찔리면 다시 일어설 남자가 없습니다(잠 5:3-4 참조). 마귀가 얼마나 달콤한 말로 속입니까! 얼마나 간교한 마귀입니까!

이제 예수님을 유혹하는 마귀가 1단계, 2단계를 거쳐 드디어 본심을 드러냅니다. 눈에 보여 주고, 귀로 유혹해서 어느 정도 돌아서지 않았나 할 때 본심을 드러내는 것입니다. 마치 낚시하는 강태공의 수법과 같습니다. 맛있는 미끼를 낚시에 끼워 물에 던져놓고 가만히 있으면 죽은 것으로 보일까 봐 손가락으로 살금살금 건드려 놓지 않습니까? 고기가 그것을 모르고 와서 꽉 물면 끝이 나는 것입니다. 마귀의 수법도 이와 같습니다. 눈으로 보기에는 아주 매력적으로 만들어 놓고 귀에다 대고는 유혹의 말을 불어넣습니다. 그다음에, "내게 절하면"이라고 합니다. 이것이 마귀의 본심입니다.

그런데 마귀가 얼마나 간교하고 교묘한지를 마귀의 이 말투에서도 우리가 잘 알 수 있습니다. 마귀는 "내게 절하라!"라고 명령조로 말하지 않았습니다. 무엇이라고 했습니까? "내게 절하면 말이야"라고 교묘하게 말했습니다. 아담과 하와에게 가서도 "너 이거 따 먹어라!"라고 하지 않고, "너희가 그것을 먹는 날에는 말이야"라고 묘하게 돌려 얘기했습니다. 사람의 심리가 '해라! 해라!' 하면 더 하기 싫어한다는 것을 잘 아는 마귀인지라 말 한마디도 바보같이 하지 않습니다.

○ ○ ○ ○ ○ ○
"사탄아 물러가라!"

이렇게 마귀가 본심을 드러내서 "내게 절하면"이라고 유혹을 했을 때 예수님은 위기를 느끼지만, 이 세 번째 시험에서는 그 어느 때보다 더 큰 위기를 느끼신 것 같습니다. "사탄아, 물러가라!"라고 예수님께서 처음으로 사용하신 이 말씀에서 우리는 그것을 짐작할 수 있습니다.

하나님께서는 예수님에게 이 우주 만물을 통치할 수 있는 권세를 주시겠다고 약속하셨습니다.

> 그가 큰 자가 되고 지극히 높으신 이의 아들이라 일컬어질 것이요 주 하나님께서 그 조상 다윗의 왕위를 그에게 주시리니 영원히 야곱의 집을 왕으로 다스리실 것이며 그 나라가 무궁하리라_눅 1:32-33

분명히 예수님에게는 천하만국을 다스릴 수 있는 권세를 하나님이 약속하셨습니다. 그러나 그것에는 조건이 따릅니다. 이사야 53장 10절 상반절에 "여호와께서 그에게 상함을 받게 하시기를 원하사 질고를 당하게 하셨은즉"이라는 말씀이 있습니다. 달리 말하면, 온 천하를 다스릴 수 있는 권세를 하나님이 주시되, 예수님께서 십자가를 지시고 인류를 위하여 희생해야 한다는 조건이 있었던 것입니다. 그러므로 예수님은 하나님의 뜻을 순종하기 위해서 십자가의 길을 반드시 걸어가야 했습니다.

그런데 마귀는 무엇이라고 했습니까? "십자가는 무슨 십자가야! 그 어려운 십자가를 왜 져? 너, 나에게 엎드려 절하기만 하면 하나님이 십자가를 진 다음에 주겠다고 한 것 모두 내가 당장 너에게 주마. 절하라!" 바로 이것이 마귀의 본심입니다. 바로 여기에 함정이 있었습니다. 예수님이 십자가를 지지 못하게 만드는 것입니다. 예수님이 하나님의 뜻을 순종하지 못하게 만드는 것입니다.

예수님께서 복음을 증거하러 다니실 때 "사탄아 물러가라"라는 말씀을 두 번 사용하셨습니다. 우리가 지금 이야기하고 있는 이 부분에서 마귀에게 하셨고, 또 한 번은 예루살렘으로 올라가시는 예수님의 길을 막으려는 베드로에게 "사탄아 내 뒤로 물러가라"라고 말씀하셨습니다(마 16:23). 이 두 가지 상황에는 하나의 공통점이 있습니다. 십자가의 길을 방해한다는 것입니다. 마귀는 예수님을 보고 자기에게 절하면 모든 문제를 해결해 주겠다고 유혹했습니다. 십자가의 길을 가지 못하게 막는 것입니다. 또 베드로는 인간적으로 생각해서 주님이 그와 같은 끔찍한 운명에 처하는 것을 볼 수가 없다고 주님의 길을 막으려고 했습니다. 마귀나 베드로나 십자가의 길을 막는 것은 똑같았습니다. 그렇기 때문에 예수님은 위기를 느끼셨고 인간의 죄를 위하여 십자가에 못 박혀 자신을 전부 희생시키는 그 십자가의 죽음을 방해하는 것은 무엇이든지 사탄의 역사로 보셨습니다.

여기에서 우리가 반드시 알아야 할 것이 있습니다. 바로 자신의 위기를 식별해 내는 눈을 가져야 한다는 것입니다. 오늘날 많은 신자가 자신의 위기를 모르고 무심히 지나치는 경우가 많습니다. 위기를 읽는 눈이 많이 둔해진 것입니다. 그래서 위기인지 아닌지 분별하지 못하고 정말 위기일 때에 오히려 마음을 놓고 있는 경우가 많습니다. 예수님이 언제 위기를 느끼셨습니까? 하나님이 원하시는 뜻을 실천하지 못하게 방해를 받았을 때 위기라고 생각하셨습니다. 여러분은 자신의 위기를 인식하는 믿음의 눈을 가지고 있습니까? 하나님이 원하시는 뜻이 무엇인지 분명하게 알고 있는데, 그 일을 하지 못하게 막는 때가 위기라는 것을 인식하십니까? 이것을 인식한다면 여러분은 복 있는 사람입니다. 많은 사람이 이것을 인식하지 못하고 때를 잘 읽지 못해서 돌이킬 수 없는 결과를 자초하는 것입니다.

하나님만 섬겨야 할 이유

예수님이 드디어 결정적인 말씀을 하십니다. "하나님께서 '주 너의 하나님께 경배하고 다만 그를 섬기라'라고 말씀하셨다." 주님은 신명기 6장 13절을 인용하신 것입니다. 신명기 6장은 어떻게 하는 것이 하나님만 경배하고 섬기는 것인지 구체적으로 알려 주고 있습니다. 첫째는, 우상숭배하지 말라(14절). 둘째는, 하나님의 법도에 순종하라(17-18절). 이 두 가지를 가르쳐 주고 있습니다.

사람에게 있어서 가장 중요한 것은 하나님을 경배하고 하나님만 섬기는 것이라고 했습니다. 이것이 인간의 최대 목표입니다. 만약 대한민국에 기독교가 없어진다면 우리도 저 북한과 같이 한 인간을 위해서, 한 인간을 섬기며 살아야 하는 비참한 나라가 될지도 모릅니다. 생각만 해도 가슴을 칠입니다. 그러나 하나님께서 우리 대한민국에 복을 주셔서 우리 하나님을 경배하고 섬기도록 축복하셨습니다. 얼마나 복된 생활입니까! 마음속에 하나님 외에 섬기는 우상이 있다면 빨리 치우십시오. 하나님보다 더 사랑하는 것이 있다면 청소하십시오. 그래야 하나님만 경배할 수 있습니다. 또 하나, 예수님처럼 하나님의 말씀에 순종하는 데 최선을 다하십시오. 하나님을 섬긴다는 말은 하나님께 순종한다는 말입니다. 예배를 드린다는 말은 하나님께 순종하는 삶을 산다는 말입니다.

또한 신명기 6장은 우리가 왜 하나님을 섬기고 순종해야 하는지 잘 가르쳐 주고 있습니다. 첫째로, 우리를 애굽의 종 된 자리에서 구원하신 분이기 때문에 하나님을 섬겨야 한다고 했습니다(12절). 하나님만 섬기고 그분만을 경외하는 것이 우리가 복되게 사는 길입니다.

끝으로 우리가 살펴보아야 할 중요한 점은 마귀를 대하는 예수님의 태도입니다. 예수님은 마귀를 어떻게 대하셨습니까? 단호함! 단호함입니다. 이 '단호함'이라는 말을 우리는 야고보서 4장 7절과 연결해서 정리할 수 있습니다.

> 그런즉 너희는 하나님께 복종할지어다 마귀를 대적하라 그리하면 너희를 피하리라_약 4:7

이 말씀에서 우리는 마귀를 대적하는 단호한 태도가 무엇인지 두 가지로 요약해 볼 수 있습니다. 첫째는, 하나님께 순복하는 것입니다. 둘째는, 마귀를 대적하는 것입니다. 그런데 이것은 둘이 아니고 하나입니다. 다시 말해, 하나님께 순복하는 태도가 곧 마귀에게 대적하는 것이고, 마귀를 대적하는 태도가 곧 하나님께 순복하는 것입니다. 바로 예수님의 태도에서 이것을 알 수 있습니다.

예수님의 단호한 태도는 한마디로, "기록되었으되"라고 성경 말씀을 들고나오는 것입니다. 간단히 "기록되었으되"라는 한마디가 "마귀야, 나는 이 말씀대로 산다"라는 예수님의 단호한 태도를 마귀에게 웅변적으로 보여 주는 것입니다. 그것이 하나님께만 순복하겠다는 태도를 보여 주는 것이요, 동시에 마귀를 대적하는 태도가 되었습니다.

이럴 때 주님이라면?

시험을 당할 때 주님을 바라보십시오. 이것이 비결입니다. 주님을 바라본다는 것은, "주님은 어떻게 하셨나? 나도 주님이 하신 그대로 하겠다. 주님이 지금 내게 무슨 말씀을 하시는가? 나도 그대로 따르겠다"라는 태도를 보이는 것입니다. 그러면 예수님은 이렇게 말씀하실 것입니다. "나처럼 해! 성경대로 살겠다고 고집스럽게 말하면 마귀는 꼼짝 못 해! 내가 한 대로 해!"

개를 훈련하는 사람이 쓴 글을 인상 깊게 읽은 적이 있습니다. 그는 개를 훈련하는 방법을 이렇게 소개했습니다. 마룻바닥에 아주 먹음직스러운 쇠고기 덩이를 갖다 놓고 개를 데려옵니다. 그리고 개가 쇠고기를 보고 뛰어가 그것을 물면 몇 차례 개를 때리고 고기를 빼앗아 놓습니다. 그다음 또 그 자리에 고기를 갖다 놓으면 개는 또 달려들려고 합니다. 이때 주인이 "안 돼!"라고 명령을 하면 개는 멈칫하고 섭니다. 이렇게 여러 번 반복 훈련을 하고 나서 고깃덩이를 그 자리에 놓으면, 개는 이제 고깃덩이를 쳐다보는 것이 아니라 주인을 봅니다. 주인이 무엇이라고 명령을 하는지 보고 주인의 명령을 따라 행동할 자세를 취하는 것입니다.

우리도 마찬가지입니다. 마귀가 떡을 가지고 와서 시험합니까? 세상의 인기를 가지고 시험합니까? 세상의 영광을 가지고 시험합니까?

쳐다보지 마십시오. 우리는 주님을 쳐다봐야 합니다. '주님이 무엇이라고 가르쳐 주시나? 주님은 어떻게 하셨나? 주님이 무엇을 명령하시나?' 주님을 보고 그대로 따르는 것이 시험을 이기는 일입니다.

한시도 마음을 놓을 수 없는 무서운 마귀의 시험이 시시각각 우리를 위협합니다. 오직 예수! 예수님을 바라보며 승리합시다. 우리가 승리하면, 이 땅의 천만 성도가 승리하며, 아무리 어두운 구름이 덮여 있다고 할지라도 그 구름 틈새로 하나님께서 밝은 햇살을 비춰 주실 것을 분명히 믿습니다.

시험에 끌려가도 끌려가는 줄 모르는 어리석은 삶을 살지 말고, 자기가 지금 어떤 위치에 있는지를 바로 분별하여 위기를 느껴야 할 때는 위기를 느끼고, 보지 말아야 할 때는 보지 않는 신자가 됩시다. 오직 기록된 말씀대로 살겠다는 우직한 고집을 가지고, 대범하고 단호하게 대처해 하나님께 온전한 영광을 돌립시다.

5

자신만만하던 베드로, 출발선에서 세 번 넘어지다

우리 역시 베드로처럼 신앙생활을 하는 도중에
예수님을 부인할 수 있는 위험이 있습니다.
더욱이 평안하고 태평스러운 환경에서도 예수님을 부인할 수 있습니다.

누가복음 22:54-62

54 예수를 잡아끌고 대제사장의 집으로 들어갈새 베드로가 멀찍이 따라가니라 55 사람들이 뜰 가운데 불을 피우고 함께 앉았는지라 베드로도 그 가운데 앉았더니 56 한 여종이 베드로의 불빛을 향하여 앉은 것을 보고 주목하여 이르되 이 사람도 그와 함께 있었느니라 하니 57 베드로가 부인하여 이르되 이 여자여 내가 그를 알지 못하노라 하더라 58 조금 후에 다른 사람이 보고 이르되 너도 그 도당이라 하거늘 베드로가 이르되 이 사람아 나는 아니로라 하더라 59 한 시간쯤 있다가 또 한 사람이 장담하여 이르되 이는 갈릴리 사람이니 참으로 그와 함께 있었느니라 60 베드로가 이르되 이 사람아 나는 네가 하는 말을 알지 못하노라고 아직 말하고 있을 때에 닭이 곧 울더라 61 주께서 돌이켜 베드로를 보시니 베드로가 주의 말씀 곧 오늘 닭 울기 전에 네가 세 번 나를 부인하리라 하심이 생각나서 62 밖에 나가서 심히 통곡하니라

자신만만하던 베드로, 출발선에서 세 번 넘어지다

　　　　　　　　우리는 1년에 한 번씩 고난주간을 기념합니다. 예수님께서 십자가를 향해 한 발자국씩 무거운 걸음을 옮겨 놓으시던 마지막 며칠간의 일들은 우리에게 갖가지 슬픔과 애탄을 자아내게 합니다. 우리의 죄를 대신 짊어지신 예수님이 하나님과 사람으로부터 철저하게 버림받았습니다. 또한 예수님의 제자였던 가롯 유다의 배신과 가장 믿었던 수제자 베드로의 행동은 우리의 가슴을 더욱더 아프게 합니다.

　베드로가 순간적으로 예수님을 부인한 일은 마태, 마가, 누가, 요한 네 복음서에 빠짐없이 기록되어 있는 사건입니다. 수제자 베드로는 겟세마네 동산에서 예수님이 체포되는 것을 보자 다른 제자들과 함께 도망을 쳤습니다. 그러나 얼마 후에 예수님의 형편이 궁금해지자 요한과 함께 예수님이 심문을 받고 있던 대제사장의 안뜰까지 몰래 들어갔습니다. 그런데 여기에서 전혀 예기치 않았던 일이 일어났습니다. 불을 쬐고 있는 베드로를 유심히 쳐다보던 한 여종이 주위에 있는 사람들을 향해 소리를 친 것입니다. "저 사람이 예수와 함께 있는 것을 내가 보았소!" 몹시 당황한 베드로는 자기도 모르게 예수님을 모른다고 잡아뗐습니다.

그 자리에 있기가 두려워진 베드로가 잠깐 자리를 앞문 쪽으로 옮겨 두리번거리고 있는데 거기서 또 난처한 상황에 놓이게 되었습니다. 그때 똑같은 여종이 따라와서 베드로를 괴롭혔는지, 주변에 있던 남자가 괴롭혔는지, 아니면 다른 여종이 와서 괴롭혔는지 네 복음서를 비교해 볼 때 정확한 결론을 내리기에 다소 모호한 점이 있습니다. 그런데 이때 또다시 곤경에 처한 베드로는 너무 급한 나머지, 맹세를 하면서 예수님을 모른다고 부인해 버렸습니다.

한 시간쯤 지나서 일단의 사람들이 베드로가 갈릴리 사투리를 사용하는 것을 보고 그것을 트집 잡으면서, "너도 예수와 한 도당이 아니냐, 한패가 아니냐, 예수의 제자가 아니야?"라고 몰아세웠습니다. 베드로는 이때 얼마나 다급했던지 자신을 저주하기까지 하면서 예수님을 모른다고 부인했습니다. 우리말로 표현하자면 아마, "내가 예수를 안다고? 그렇다면 천벌을 받지!"라는 식으로 자기를 저주하면서까지 예수님을 모른다고 발뺌하고는 겨우 위기를 벗어났습니다.

그 일이 있기 전, 예수님은 제자들을 한자리에 모아 놓고 베드로에게 이런 말씀을 하셨습니다. "오늘 닭 울기 전에 네가 세 번 나를 모른다고 부인하리라"(눅 22:34). 그 말씀대로 베드로가 세 번째 예수님을 모른다고 부인할 때 닭 소리가 들렸습니다. 베드로는 예수님의 그 말씀이 기억나서 가슴이 터질 것 같은 고통을 안고 신음했습니다. 그때 심문을 마치고 끌려가시던 예수님이 베드로를 돌아보셨습니다. 베드로의 눈과 예수님의 눈이 마주쳤습니다. 그는 더 이상 견딜 수가 없었습니다. 더 이상 자신을 가눌 수가 없었습니다. 그래서 베드로는 그 자리를 피하여 구석진 곳에서 일생일대의 절절한 통곡을 했습니다.

땅을 치고 가슴을 쥐어뜯으며 울었습니다. 회개의 눈물이었는지, 수치심에서 오는 눈물이었는지, 자학의 눈물이었는지도 모르겠습니다.

강 건너 불이 아니다

우리는 베드로와 아주 다른 입장에서 살고 있습니다. 베드로처럼 가야바의 궁전에 들어가서 장차 예수님이 어떻게 되실지 불안과 초조한 마음을 달래며 있어야 할 처지는 아닙니다. 왜냐하면 예수님이 가야바에게 심문을 받고 십자가를 지시는 사건은 역사상 다시는 반복되지 않을 것이기 때문입니다. 그러나 베드로를 통해서 우리가 배워야 할 값진 교훈이 있습니다. 그것은 우리 역시 베드로처럼 신앙생활을 하는 도중에 예수님을 부인할 수 있는 위험이 있다는 사실입니다. 베드로처럼 생명의 위협을 받거나 신변에 불안한 처지가 찾아오면 그럴 수 있을 것입니다. 그러나 반드시 그러한 극단적인 형편에서만 우려되는 문제가 아닙니다. 오히려 예수님은 우리에게 다른 면을 보여 주십니다. 신앙생활에 어려움이 없는 태평스러운 환경에서도 잘못하면 그를 부인할 수 있다는 교훈을 가르쳐 주시는 것입니다.

> 누구든지 이 음란하고 죄 많은 세대에서 나와 내 말을 부끄러워하면 인자도 아버지의 영광으로 거룩한 천사들과 함께 올 때에 그 사람을 부끄러워하리라_막 8:38

우리는 이 경고의 말씀을 검토해 볼 필요가 있습니다. "내 말을 부끄러워하면"이라는 말은 '예수님이 부끄러워서 예수님을 모른다고 한다'라는 말입니다. 즉, 예수님을 부인한다는 말과 의미가 통합니다.

그리고 음란하고 죄 많은 세대가 이렇게 한다고 했습니다. 여기에서 우리가 짐작할 수 있는 것은 음란하고 죄 많은 세대가 생명을 위협하거나 환난이나 핍박을 주는 환경은 아니라는 것입니다. 이것은 오히려 자기만족에 취하고 향락에 빠져 세상을 즐기며 사는, 그래서 어떤 면에서는 대단히 세속적인 환경을 말하는 것입니다.

대부분의 사람이 적당히 죄를 지으면서도 전혀 양심의 가책을 받지 않고 자기 잘난 맛에 사는 환경에서는 예수님을 믿는다든지, 죄를 회개한다든지, 거룩하게 산다든지, 지옥이니 천당이니 하는 말들은 매우 어울리지 않는 잠꼬대처럼 들릴 수 있습니다. 영적으로 캄캄한 밤을 맞아 먹고 마시고 즐기고 쾌락을 누리는 그런 환경에서는 오직 위의 것을 바라보고 하나님 나라를 추구하며 예수님을 따라 살려는 사람이 오히려 괴짜같이 보일 수 있다는 것입니다. 그런 환경에서 예수님을 믿는 것이 부끄러워 예수님을 모른다고 하면 예수님도 장차 하나님 나라에서 그 사람을 모른다고 부인하리라는 내용이 바로 위에서 인용한 말씀입니다.

예수님을 부인하는 것은 베드로가 처해 있던 공포스러운 분위기에서만 일어날 수 있는 것이 아닙니다. 평안하고 태평스러운 환경에서도 예수님을 부인할 수 있습니다. 따라서 우리는 예수님을 부인하는 문제가 강 건너의 불이 아니라 바로 우리 발등에 떨어진 불일 수 있다는 사실을 주지해야 합니다.

베드로식 예수 부인

네 복음서에서 베드로가 예수님을 부인하는 모든 기사를 종합해 보면 그는 이렇게 대답한 것으로 보입니다. "나는 당신이 하는 말이 무엇인지 잘 모르겠다. 나는 예수라는 사람을 모른다. 나는 예수와 함께 있지도 않았다. 나는 예수의 제자가 아니다." 대략 이 네 가지로 요약이 되는데, 이것들은 크게 두 종류로 나누어집니다. 첫째, 예수님과 관계가 없다고 부정하는 것입니다. 둘째, 예수님을 잘 모른다고 말하는 것입니다. 이 두 가지가 베드로가 예수님을 부인한 사건의 골자입니다. 바로 예수님과의 관계를 부정하고 예수님을 모른다고 고개를 돌리는 것이 예수님을 부인하고 예수님을 부끄러워하는 것입니다.

그런데 여기에서 반드시 짚고 넘어가야 할 문제가 있습니다. 사건이 일어나기 몇 개월 전, 베드로는 가이사랴 빌립보라는 한적한 곳에서 예수님과 마주 앉아 말씀을 배우다가 갑자기 질문을 받았습니다. "너희는 나를 누구라 하느냐"(마 16:15)라는 질문입니다. 그때 베드로는 제자들을 대표해 매우 기막힌 신앙고백을 했습니다. "주님이야말로 하나님의 아들이시오. 우리의 구원자 그리스도입니다." 주님이 그 대답을 들으시고 얼마나 흡족하셨던지, "바요나 시몬아, 네가 복이 있도다. 그러나 네가 그렇게 대답할 수 있었던 것은 네 능력이 아니라 하나님이 가르쳐주셨기 때문이다"라고 말씀해 주셨습니다.

베드로는 예수님이 하나님의 아들이라고 믿는 사람이었습니다. 예수님이 인류의 구원자요 메시아라는 사실을 조금도 의심하지 않는 사람이었습니다. 비록 십자가의 처형을 눈앞에 둔 예수님을 보고 마음속에 깊은 절망감을 안고 있었지만, 밑바닥에 있는 믿음, 즉 예수님은 하나님의 아들이요 구원자라는 그의 믿음은 결코 흔들리지 않았습니다. 한 여종의 '당신도 예수와 함께 있었다'라는 말에 엉겁결에 '나는 예수를 모른다'라고 대답했지만, 그 대답 자체가 예수님이 하나님의 아들이라는 것을 부인하는 것은 아니었습니다. 예수님이 자신의 구원자라는 것을 부정하는 것도 아니었습니다. 가룟 유다처럼 예수님이 이제 아무 쓸모없는 무능한 선생일 뿐이니 돈을 받고 팔아넘겨도 된다고 생각할 정도의 배신도 아니었습니다.

베드로는 예수님이 메시아이신 것을 믿으면서도 '나는 모른다'라고 잡아뗐는데, 우리는 이 부분에 주목해야 합니다. 저는 이것을 '베드로식 예수 부인'이라고 부르고 싶습니다. 자기 신변이 위협을 당해 공포를 느끼고 그런 행동을 하든지 혹은 예수님 편에 서는 것이 수치스러워서 그런 행동을 하든지, 임기응변식으로 예수님을 모르는 사람처럼 말하거나 예수님과 아무 관계없는 사람인 척하는 언행 일체를 소위 베드로식 예수 부인이라고 봅니다. 예수님이 하나님의 아들이냐 아니냐, 예수님을 믿느냐 믿지 않느냐를 따지는 것이 아닙니다. 어떠한 환경적 요인으로 인해 예수님과의 관계를 부정하며 생활하는 사람을 말하는 것입니다. 이렇게 볼 때 베드로처럼 예수님을 부인하는 일이 다른 사람의 일이라 할 수 없습니다. 현대사회에 몸담고 있는 많은 신자가 직접 간접적으로 베드로식 예수 부인을 하고 있다는 사실을 우리는 절대로 간과해서는 안 됩니다.

여러분이 소속되어 있는 어떤 사회에서 예수님을 믿는 사람으로 행세를 하면 신변이 불리해지거나 손해를 보게 될 때 어떻게 처신하십니까? 예수님을 믿는 냄새를 피우는 것이 쑥스러운 분위기라 여겨질 때 여러분은 어떻게 처신하십니까? 베드로처럼 직접적이든 암시적이든 예수님을 모르는 사람처럼 행동하지 않습니까? 예수님과 여러분이 특별한 관계가 아닌 것처럼 시치미를 떼고 그들과 어울리지 않습니까? 만약 추호라도 그러한 면이 있다면, 여러분은 베드로식으로 예수님을 부인하는 삶을 살고 있다는 것을 인정해야 합니다.

오늘날 한국 사회에서, 교회에 다니는 남성 가운데 실제로 직장에 가서 "나는 예수님을 압니다. 나는 예수님과 끊을 수 없는 관계를 맺은 사람입니다"라고 공공연히 드러내 놓고 사회생활을 하는 사람은 20%도 채 안 될 것이라는 이야기를 들은 적이 있습니다. 달리 말해, 예수님을 부인하지 않고 신앙생활, 사회생활을 바로 하는 사람은 10명 중 2명을 찾을까 말까 한다는 말입니다.

오늘날 우리가 살고 있는 이 사회가 암담한 이유가 어디에 있습니까? 천만이나 되는 신자가 예수님을 언행으로 증거하는 신앙생활을 하지 않기 때문입니다. 신자가 예수님을 부인하는 데에는 여러 가지 이유가 있을 것입니다. D기업처럼 사주가 철저한 불교 신자인 회사에서는 예수님을 믿는 사람의 행세를 하면 승진하고 눈에 잘 띄기 힘드니까, 마치 예수님을 안 믿는 것처럼 돼지머리 놓고 절도 할 수 있을 것입니다. 혹은 주위 친구들이 모두 술을 잘 마시는 사람들이고 가까이 지내는 사람들이 세상적으로 볼 때 매우 똑똑한 사람들이라 그들 사이에서 예수님을 믿는 체하는 것이 괴짜처럼 보일까봐 아예 예수님을 모르는 사람처럼 행세할 수도 있을 것입니다. 또 어떤 경우에는 자신의 생업이 예수님을 믿는 사람이라고 말하면 거북해질 수 있는 일이라 예수님을 믿는 사람처럼 행세하지 않을 수도 있습니다. 아마 이상의 사례들 가운데서 세 번째 이유가 가장 많을 것입니다. 사업을 하든 무엇을 하든, 다른 사람에게 예수님을 믿는 사람으로 드러내는 것이 어딘지 모르게 떳떳하지 않아 예수님을 안 믿는 것처럼 행세하는 쪽이 많다는 것입니다. 이런 신자들이 예수님의 얼굴에 먹칠을 하고 교회의 이미지를 흐립니다.

막대한 정부 지원을 받아 축재(蓄財)하고, 상상할 수 없을 정도로 무자비하게 인권을 짓밟아 사회에 큰 충격을 주었던 모 자선단체의 주인공을 기억하십니까? 그렇다면 이 사람이 교회를 다녔는지, 직분은 있었는지 알고 계셨습니까? 잘 알지 못했을 것입니다. 그는 모 교회의 집사였다고 합니다. 어떤 이유를 막론하고 우리가 예수님과 도무지 끊을 수 없는 관계를 맺은 하나님의 자녀라는 사실을 공공연하게 드러내 놓고 생활하지 않는다면, 우리는 직접 간접적으로 예수님을 부인하는 일면을 가지고 있는 것입니다. 주님께서 우리의 이러한 부분을 고쳐 주시도록 베드로처럼 가슴을 치고 통곡하며 기도해야 할 것입니다.

자신만만하던 베드로의 패인은?

베드로에게는 시험을 예방할 수 있었던 세 가지 요인과 자기 힘으로는 어쩔 수 없었던 한 가지 요인이 있었습니다. 베드로가 시험을 예방할 수 있었던 첫 번째 요인은 예수님께서 베드로를 앞에 놓고 경고를 하셨다는 것입니다.

> 시몬아, 시몬아, 보라 사탄이 너희를 밀 까부르듯 하려고 요구하였으나 그러나 내가 너를 위하여 네 믿음이 떨어지지 않기를 기도하였노니 너는 돌이킨 후에 네 형제를 굳게 하라_눅 22:31-32

이렇게 주님이 경고하셨습니다. 그때 베드로가 다음과 같이 대답했습니다.

> 주여 내가 주와 함께 옥에도, 죽는 데에도 가기를 각오하였나이다
> _눅 22:33

베드로는 자신만만하게 대답했습니다. 베드로는 아마 속으로 생각

하기를 '내가 수제자요, 지금까지 예수님과의 정이나 의리를 생각하더라도 어떻게 예수님을 모른다고 할 수 있겠는가. 주님이 옥에 가면 나도 같이 가야지. 주님이 죽으면 나도 같이 죽어야지. 내 처지를 보아도 끝까지 주를 따라가야지'라고 생각했을 것입니다.

그런데 여기서 베드로가 몰랐던 사실 하나가 있습니다. 자기가 치르지 않으면 안 되는 전쟁은 육신의 전쟁이 아니라는 사실이었습니다. 그것은 몸과 몸이 부딪혀서 피를 흘리는 전쟁이 아니라 영적 전쟁이었습니다. 보이지 않는 악령의 역사와 만나는 전쟁이었습니다. 그런데 베드로는 이 영적 전쟁이 무엇인지 모르고 자기의 힘, 자신감, 예수님과의 정, 의리 등을 믿었습니다. 그리하여 자기는 얼마든지 예수님을 부인하지 않고 끝까지 따라갈 수 있다고 자부했습니다. 계산을 크게 잘못한 것입니다.

베드로가 무릎을 꿇었던 대상이 대제사장이었습니까? 서슬이 시퍼런 로마 군인들이었습니까? 아니면 십자가 형틀에 매달리는 고문 때문이었습니까? 그렇지 않습니다. 한 여종 앞에서 거꾸러진 것입니다. 그는 싸워보지도 못하고 칼을 집어 던지고 무릎을 꿇고 말았습니다. 왜 그렇습니까? 영적 싸움은 자기 자신을 믿는 이상 가장 약한 적 앞에서도 이길 수 없기 때문이다. 육신의 사람은 영적 싸움에 절대 이기지 못합니다.

어떤 학자의 견해에 따르면 베드로가 그 시간에 예수님을 안다고 고백했어도 붙들려 갔을 확률이 없었다고 합니다. 대제사장이나 유대인들은 예수님을 잡은 것으로 이미 만족하고 있었기 때문입니다. 예수님이 표적이었지 제자들이 그들의 표적은 아니었습니다. 그들이 예수님을 잡으면 제자들은 순식간에 다 흩어질 것으로 계산하고 있었기 때문에 베드로가 예수님을 안다고 해도 전혀 문제가 되지 않았습니다. 그러나 베드로는 여종 앞에서 벌벌 떨며 항복했습니다. 영적 싸움은 영적으로 준비해야 하는데, 육적으로 준비하고 나갔다가 당한 것입니다. 여러분에게도 이와 같은 약점이 있습니까? 자기 자신을 과신하고 있습니까? 여러분의 지위나 학력, 또는 사회에서 인정받는 여러 가지 조건들이 어떤 면에서는 유익을 줄지 모르나, 예수님을 끝까지 부인하지 않고 따르는 데에는 전혀 힘이 되지 않습니다.

마귀는 핵미사일을 가지고 우리를 공격하는 것이 아닙니다. 바늘로 찌릅니다. 많은 사람이 핵미사일에 맞아서 죽는 것이 아닙니다. 바늘에 찔려서 넘어집니다. 조그마한 마귀의 공격일지라도 준비되지 못한 사람은 쓰러집니다. 육적인 사람은 다 쓰러집니다.

기도보다 앞서지 말라!

겟세마네 동산에서 예수님이 제자들과 함께 기도하던 시간에 주님이 베드로에게 두 번째 경고를 하셨습니다.

> 유혹에 빠지지 않게 기도하라_눅 22:40하

베드로는 주님의 경고를 듣고도 예수님이 계시지 않으니까 잠이 들어 버렸습니다. 주님이 두 번째 돌아오셔서 잠이 든 베드로를 보고 말씀하셨습니다. "시험에 들지 않게 깨어 기도하라 마음에는 원이로되 육신이 약하도다"(마 26:41; 막 14:38). 이러한 경고를 듣고도 베드로는 또 잠이 들어 버렸습니다. 세 번째 주님이 오셨을 때도 베드로는 계속 잠에 곯아떨어져 있었습니다. 베드로가 왜 실패했습니까? 기도하지 않았기 때문입니다. 하나님의 아들이요 죄가 없으신 예수님도 피땀을 쏟으면서 기도하고 있는데, 죄 많고 부패한 성품을 가진 인간 베드로가 전혀 기도하지 않고 있다가 당한 것입니다.

예수님이 세 번이나 기도하라고 경고하셨는데, 베드로는 세 번 다 기도하지 못했습니다. 그리고 우연의 일치였는지 모르겠으나, 그는 결국 예수님을 세 번 부인하는 시험을 당하고 말았습니다. 이것은 전혀 이상한 것이 아닙니다. 한 번 기도 안 했으니까 한 번 부인할 수 있고, 두 번 기도 안 했으니까 두 번 부인할 수 있고, 세 번 기도 안 했습니까? 세 번 부인할 수 있습니다. 우리 모두에게도 이와 같은 약점이 있을 수 있습니다. 가정에서나 사회에서 예수님을 안 믿는 사람처럼 자꾸 몸을 도사리는 이유가 어디에 있는지 잘 살펴보십시오. 만약 당신에게 기도가 없었다면 성령님께 기도하는 사람으로 치료해 달라고 기도하십시오.

베드로가 실패한 세 번째 이유를 봅시다.

> 예수를 잡아끌고 대제사장의 집으로 들어갈새 베드로가 멀찍이 따라가니라_눅 22:54

이 말씀에서 '멀찍이 따라갔다'라는 말이 참 재미있습니다. 물론 그 상황에서 베드로가 멀찍이 예수님을 따라간 것이 전혀 이상한 것이 아닙니다. 모든 제자가 다 도망간 파국에 멀찍이라도 주님을 따라갔다는 것은 대단한 용기요, 어떤 면에서는 칭찬을 받아 마땅합니다. 그런데 우리는 이 '멀찍이'라는 말에서 이상한 뉘앙스를 느낄 수 있습니다. 예수님과 베드로 사이의 영적, 인격적 간격을 암시하는 듯이 보이기 때문입니다. 겟세마네 동산에서 예수님이 기도하라고 하실 때 기도하지 않고 버티다가, 예수님이 체포되자 놀라서 혼자 도망갔던 베드로. 그와 예수님 사이에 마음의 간격이 생긴 것은 부인할 수 없습니다. 이 멀어진 마음의 간격을 '멀찍이'라는 말에서, 또 예수님을 따라가는 베드로의 태도에서 읽을 수 있습니다. 바로 이것이 베드로가 예수님을 쉽게 부인하도록 한 원인이 되었을 것입니다.

여러분은 얼마큼 예수님과 밀접한 관계를 유지하고 있습니까? 주님과의 관계가 도무지 끊을 수 없는 절대적입니까? 아니면 예수님과 거리가 있는 생활을 하고 있습니까?

베드로가 시험에 넘어질 수밖에 없었던 절대적인 이유가 한 가지 있습니다. 그것은 성령의 권능을 받지 못했다는 것입니다. 그때는 예수님이 십자가에서 죽으시기 전이기 때문에 성령이 모든 제자에게 임하지 않았습니다. 그래서 베드로는 성령의 권능을 받지 못하고 자기 힘으로 싸울 수밖에 없는 역부족의 형편에 놓여 있었던 것입니다. 부활하신 예수님이 나중에 베드로에게 "너 왜 세 번이나 나를 부인했느냐"라고 책망하신 이유도 바로 이것 때문이었을 것입니다. 성령의 능력을 받지 않으면, 어디서나 예수님을 안다고 고백할 수 없습니다. 성령의 능력! 베드로에게는 이것이 없었습니다.

성령보다 앞서지 말라!

그러나 베드로가 성령을 받자마자 놀라운 일들이 일어났습니다. 산헤드린 공회 앞에서도, 그 무서운 대제사장 앞에서도 "나는 예수님을 말하지 않고는 견딜 수 없다. 너희가 아무리 내 입을 틀어막으려고 해도 나는 말하지 않을 수가 없다!"라고 말합니다. 여종 앞에서 예수님을 모른다고 하던 그 사람이 어떻게 그렇게 변할 수 있습니까? 성령의 능력을 입었기 때문입니다. 그가 나중에 십자가에 거꾸로 못 박히는 그 순간까지 로마 황제와 모든 로마 군인이 다 달려들어도 베드로의 입을 막을 수 없었습니다. 예수님을 말하는 베드로를 막을 수 없었습니다. 그 놀라운 성령의 능력을 아십니까?

우리는 모두 성령을 모시고 사는 사람들이요, 성령의 능력을 받은 사람들입니다. 우리가 성령을 모시고 사는 이상 한 가지 분명한 것이 있습니다. 성령의 사람은 어디를 가든지 예수님을 부인할 수 없다는 사실입니다. 그럼에도 불구하고 여러분이 예수님을 부인하는 언행을 할 수 있다면 여러분은 성령을 받기는 했지만, 성령의 능력에 사로잡힌 사람이 아니라는 점을 명심해야 합니다. 왜 성령의 능력에 사로잡히지 못했는지 잘 생각해 보십시오. 죄가 있는지, 생활 태도가 잘못되었는지, 잘못된 습관이 있는지 찾아보십시오. 회개하고 성령에게 사로잡혀야 합니다. 우리가 예수 그리스도를 어떻게 부인할 수 있단 말입니까! 여러분을 사랑하사 여러분을 위하여 자기 몸을 버리신 예수 그리스도만큼 여러분을 사랑하는 사람이 어디에 있습니까? 여러분의 모든 죄를 홀로 지고 저 비참한 십자가에서 죽으신 모습을 올려다보십시오. 그 예수님을 어떻게 부인할 수 있습니까? 그 예수님을 어떻게 모른다고 할 수 있습니까?

구 소련에 쟈부르스키라는 젊은 군인이 있었습니다. 그는 깡패 출신으로 포악한 사람이었는데, 예수님을 믿고 새사람으로 변화되었습니다. 그리고 그는 소련 사회에서 예수님을 믿으면 손해밖에 볼 것이 없다는 것을 잘 알면서도 만나는 사람 누구에게든지 예수님을 이야기 했습니다. 하루는 군대 상관이 그를 불러 회유하기 시작했습니다. 예수님을 부인하기만 하면 계급을 올려주고 돈도 벌 수 있게 해준다고 회유했으나, 쟈부르스키는 듣지 않았습니다. 그러자 그 상관은 그에게 자신의 경험담을 들려주었습니다.

"우리 부대에 너와 비슷한 사람이 한 명 있었지. 그는 늘 목에 십자가를 걸고 다녔어. 내가 한번 불렀네. 그리고 둘이 오랫동안 이야기를 했어. 이야기를 다 끝마치자 그 친구는 목에 걸고 있던 십자가를 끌러 탁자 위에 놓더니 다시는 십자가를 목에 걸지 않겠다고 하더군. 그리고 공산당 입당 원서를 달라고 하더니 거기에 자기 이름을 썼네. 그 후로 그는 아주 자랑스러운 공산당원이 되었지."

상관의 설득은 달콤했습니다. 그러나 쟈부르스키는 이렇게 대답했습니다. 다음의 글은 그가 법정에서 진술한 것을 번역하여 그대로 적은 것입니다.

"사실 저도 목에 건 그런 십자가는 벗어 놓을 수 있습니다. 그러나 예수님이 그런 십자가에 계시지 않고 제 마음에 계시는데 어떻게 합니까? 저도 예수님을 탁자 위에 올려놓을 수 있습니다. 그러나 그것은 제 생명의 종말을 의미하는 것이며, 제 마음을 칼로 도려내는 일과 같습니다. 그러므로 목에 건 십자가는 탁자 위에 올려놓을 수 있어도 제 마음에 계시는 예수님을 탁자 위에 올려놓을 수는 없습니다."

이렇게 진술을 한 쟈부르스키는 징역 1년을 선고받고 감옥에 끌려 들어갔습니다.

예수님을 말하지 못하게 하는 그 무서운 환경에서도 예수님을 증거하는 사람들을 보십시오. 그리고 우리의 형편을 돌아봅시다. 예수님을 믿는다고 누구 하나 뺨을 때리는 사람이 있길 합니까? 예수님을 믿는다고 직장에서 맨몸으로 쫓아내는 사람이 있습니까? 예수님을 믿는다고 침을 뱉고 조롱하는 사람이 있습니까? 그런데도 자신이 예수님을 믿는 사람이요, 예수님이 나의 구주라고 말하는 것을 꺼리고, 되도록 그 사실을 숨기려고 하는 현대 크리스천이 많다는 것은 정말 통탄할 일이 아닐 수 없습니다. 그렇게 해서 교회는 다니지만, 마귀가 끄는 대로 살 수밖에 없는 사람이 되는 것입니다. 시험을 한 번도 제대로 이겨보지 못한 패잔병 크리스천을 면하지 못하는 것입니다.

우리가 즐겨 부르는 복음성가 중에 〈흙으로 사람을 지으사〉라는 찬송이 있습니다.

> 흙으로 사람을 지으사 그 코에 생기를 불어넣으신 하나님
> 우리 위해 아들을 세상에 보내신 사랑의 하나님을 사랑해
> 나는 하나님 형상 따라 지음 받은 몸이니 이 몸을 주께 바치리
> 항상 내 생활 중에 주를 부인하지 않으며 내 주를 섬기렵니다

우리가 이 찬송을 사랑하고 즐겨 부르지만 자칫하면 거짓 찬송이 되기 쉽습니다. 우리의 생활 중에 주님을 부인하지 않고 온전히 주님을 섬기며 삽니까? 그렇기 위해서는 성령으로 충만해야 합니다. 기도해야 합니다. 예수님을 가까이 모셔야 합니다. 그러면 어떤 환경에서든지 예수님을 모른다고 말하지 못합니다. 그러한 삶을 살 때 우리를 위하여 십자가에 죽으신 주님을 부인하지 못할 것입니다.

6
미지근한 자가 시험에 넘어진다

누구든지 자기만족에 빠지면 마음이 식습니다.
열심이 식으면 그다음엔 무관심한 사람이 되어 버립니다.
이렇게 열정이 식어버린 사람들은 자연히 온건한 태도를 보이게 됩니다.
달리 말하면, 적당주의로 빠진다는 것입니다.

요한계시록 3:14-22

14 라오디게아 교회의 사자에게 편지하라 아멘이시요 충성되고 참된 증인이시요 하나님의 창조의 근본이신 이가 이르시되 15 내가 네 행위를 아노니 네가 차지도 아니하고 뜨겁지도 아니하도다 네가 차든지 뜨겁든지 하기를 원하노라 16 네가 이같이 미지근하여 뜨겁지도 아니하고 차지도 아니하니 내 입에서 너를 토하여 버리리라 17 네가 말하기를 나는 부자라 부요하여 부족한 것이 없다 하나 네 곤고한 것과 가련한 것과 가난한 것과 눈먼 것과 벌거벗은 것을 알지 못하는도다 18 내가 너를 권하노니 내게서 불로 연단한 금을 사서 부요하게 하고 흰옷을 사서 입어 벌거벗은 수치를 보이지 않게 하고 안약을 사서 눈에 발라 보게 하라 19 무릇 내가 사랑하는 자를 책망하여 징계하노니 그러므로 네가 열심을 내라 회개하라 20 볼지어다 내가 문밖에 서서 두드리노니 누구든지 내 음성을 듣고 문을 열면 내가 그에게로 들어가 그와 더불어 먹고 그는 나와 더불어 먹으리라 21 이기는 그에게는 내가 내 보좌에 함께 앉게 하여 주기를 내가 이기고 아버지 보좌에 함께 앉은 것과 같이 하리라 22 귀 있는 자는 성령이 교회들에게 하시는 말씀을 들을지어다

미지근한 자가
시험에 넘어진다

우리가 잘 알다시피 라오디게아교회는 아시아 일곱 교회 중 마지막 교회였습니다. 많은 학자가 이 교회를 보고 세상 종말에 나타날 지상 교회를 상징한다고 해석합니다. 예수님이 재림하시기 직전 이 세상 마지막에 나타날 교회의 상징이니만큼 우리가 관심을 가지고 살펴보아야 하겠습니다. 먼저 라오디게아교회가 자기 스스로를 어떻게 평가하고 있는지 살펴봅시다.

> 나는 부자라 부요하여 부족한 것이 없다_계 3:17상

라오디게아교회는 모든 것이 풍요롭고 형통하다고 하는 일종의 자기만족에 빠져 있는 교회였습니다. 그러나 주님이 그 교회를 바라보는 관점은 어떠했습니까?

> 네 곤고한 것과 가련한 것과 가난한 것과 눈먼 것과 벌거벗은 것을 알지 못하는도다_계 3:17하

곤고하고 가련할 뿐 아니라 눈까지 멀고 벌거벗어서 차마 뭔가로 가려 주지 않으면 안 될 그런 꼴불견의 교회였다고 주님은 말씀하셨습니다. 얼마나 기가 막힌 일입니까? 라오디게아 교인들이 착각을 해도 보통 착각한 것이 아니었습니다.

사람들이 흔히 좋은 것은 진열장에 놓는 버릇이 있습니다. 옛날에 우리 경제 수준이 좀 낮았을 때는 조금 산다고 하는 집에 가보면 피아노가 응접실에 있었는데, 조금 지나니까 냉장고가, 그다음에는 컬러 TV가, 지금은 컴퓨터가 있었습니다. 하여튼 사람들은 좋은 것이면 다른 사람에게 보여 주고 싶어서 진열하는 버릇이 있습니다. 교회도 마찬가지입니다. 많은 사람이 주보에서 나오는 여러 가지 통계자료, 그다음에는 교회 건물, 또 교인들의 모습을 보면서 판단하기를 좋아합니다. 마치 진열장에 갖다 놓은 상품들을 보며 이렇다 저렇다 평을 하는 것과 같습니다. 그런데 과연 주님이 진열장의 상품을 보시겠습니까? 주님이 교인 숫자를 보시고, 헌금 액수를 보시겠습니까? 주님이 보시는 것은 사람들이 보지 못하는 아주 깊은 내면입니다.

주님이 토하여 버리시는 교회

라오디게아교회는 영적으로 어두운 교회였습니다. 주님이 앞에 서 계시는데도 주님을 알아보지 못했습니다. 벌거벗었는데도 벌거벗은 줄 모르고, 가난한데도 가난한 줄을 몰랐습니다. 얼마나 무감각한 상태인지 스스로 부자라고, 스스로 부족한 것이 없다고 말하는 기만에 빠져 있는 교회였습니다. 이것이 세상 종말에 나타날 교회의 상징이라고 할 때 우리의 마음에 어떤 두려움이 밀려오지 않을 수 없습니다. 여러분의 교회라고 해서 그와 같은 입장을 피할 것이라고 누가 보장할 수 있겠습니까? 그러므로 우리 모두는 우리 자신을 말씀에 비추어서 살펴보아야 합니다.

누구든지 자기만족에 빠지면 마음이 식습니다. 아쉬운 것이 없기 때문입니다. 기도하는 열심도 배가 부르면 식고, 말씀을 사모하던 열심도 좀 안다고 하는 교만이 들면서 점점 시들해집니다. 교회를 출석하는 열심도, 주님을 향한 뜨거운 열정도 스스로 부하다고 생각하는 자에게는 오래가지 못합니다. 열심이 식으면 그다음엔 무관심한 사람이 되어 버립니다. 이런 사람은 "나라가 위기에 처해 있으니 금요일 밤에 나와서 함께 기도합시다"라고 해도 관심을 보이지 않습니다. 벌써 식어버린 사람입니다. 이렇게 열정이 식어버린 사람들은 자연히 온건한 태도를 보이게 됩니다. 달리 말하면, 적당주의로 빠진다는 것입니다. 주님은 이런 사람들을 미지근한 사람이라고 표현했습니다.

이 미지근한 사람들은 주님을 안 믿는 자들이 아닙니다. 그렇다고 무슨 악을 범하는 사람도 아닙니다. 하지만 이상하게 어딘가 모르게 언짢아 보이는 사람들입니다. 교회도 열심히 다니고 주님 편에 서 있는 것이 분명합니다. 그런데도 그가 과연 주님에게 모든 것을 의탁하고 사는 사람이냐고 물었을 때는 긍정적인 대답을 할 수 없습니다.

예수님은 이런 미지근한 사람을 좋아하지 않습니다. 얼마나 좋아하지 않는지 입에서 토해 버린다고 했습니다. 라오디게아에는 온천이 있었는데 그 온천물이 광물질을 많이 포함하고 있어서 독특한 맛을 지니고 있다고 합니다. 그런 까닭으로 아주 뜨거울 때 마시거나 아니면 아주 차가울 때 마셔야지 미지근할 때 마시면 구토가 난다고 합니다. 그것을 염두에 두고 주님이 지금 하시는 말씀입니다.

주님이 우리를 사랑하시되 화끈하게 사랑하시는 분입니다. 자기의 생명도 우리를 위하여 뜨겁게 바친 분입니다. 우리를 구원하기 위해 십자가에 달리실 때도 뜨거운 마음으로 십자가를 지신 분이요, 우리를 위하여 모진 십자가의 고통을 당하신 것도 우리를 뜨겁게 사랑하셨기 때문입니다. 예수님이 우리를 위하여 그렇게 뜨거운 열정을 쏟으셨기 때문에 우리를 향해서 뜨겁게 사랑하고 믿고 순종하고 헌신하기를 원하시는 것입니다. 주님은 미지근한 사람을 싫어하십니다. 당신은 어떤 사람에 속합니까?

처음 신앙생활 하시는 분 중에는 가끔 저에게 이런 말을 하는 분들이 있습니다. "목사님, 제가 이러다가 푹 빠질까 봐 겁이 나요." 대부분 믿지 않는 남편들이 자기 아내가 교회에 나가는 것은 어느 정도 용납하지만 좀 열심을 내는 것 같으면 "푹 빠지지 마"라고 은근히 압력을 가한다고 말합니다. 그 남편들이 예수님을 잘 모르기 때문에 그런 말을 하는 것입니다.

사랑은 흔히 빠진다고 표현합니다. 예수님을 믿으면 빠지게 되어 있습니다. 주님과 우리와의 관계는 사랑의 관계이기 때문입니다. 그런데 정상적으로만 빠지면 그것만큼 아름다운 것이 없습니다. 예수님을 믿고 예수님의 사랑에 푹 빠진 사람은 오히려 남편을 그 전보다 더 사랑하게 됩니다. 남편을 전보다 더 잘 섬깁니다. 예수님을 뜨겁게 사랑하니까 자연히 가정을 그 전보다 더 사랑하게 되는 것입니다. 이것이 정상입니다. 하나님의 사랑을 마음에 담고 보니 그 사랑이 너무 감격스러워서 남편을 사랑하되 이전처럼 눈에 드는 것만 사랑하는 것이 아니라 허물까지 사랑으로 덮어 주는 사람이 되는 것입니다. 예수님을 믿지 않는 남편이 만약 이 사실을 알게 된다면, "당신, 예수님께 빠지고 싶으면 좀 더 깊이 빠져요"라고 말할 것입니다.

차라리 차가운 편이 낫다

신앙생활을 잘하는 사람은 마음이 뜨겁습니다. 그런 사람은 주님과 만나서 대화가 잘되는 사람입니다. 그런데 미지근한 사람이 문제입니다. 주님이 오죽 답답했으면 뜨겁든지 아니면 차라리 차든지 하라고 하셨겠습니까. '차다'는 말은 물이 어는 빙점을 말하는데, 주님은 왜 차라리 차라고 하셨습니까? 미지근한 것보다는 차라리 안 믿는 것이 낫다는 말입니다.

어른이 되어서 예수님을 믿는 자들 가운데는 잘만 이끌어 주면 진지하고 뜨겁게 주님을 사랑하고 믿는 사람들이 많습니다. 그러나 "나는 유아세례 받았어요", "우리 아버지가 장로예요" 하는 사람들이 문제입니다. 물론 다 그렇다는 말은 아닙니다. 보편적으로 예수님을 오래 믿은 분들이 너무 미지근해서 주님이 볼 때는 차라리 안 믿는 게 낫다고 하실지도 모르겠다는 말입니다.

기독교에 대한 반응을 보아도 차라리 차가운 사람이 나은 것 같습니다. 미지근한 사람은 좋지 않습니다. "예수 믿으세요!" 하고 전도를 해 보면 "다시는 우리 집에 발도 들여놓지 마시오!" 하고 쏘아붙이든지 기독교라면 머리를 설레설레 흔드는 사람은 차가운 사람이라 오히려 소망이 있습니다. 그런데 "예, 교회에 나가면 어디 나쁜 말 듣나요? 우리 집 애들은 내보내고 있어요. 때가 되면 나갈게요"라고 말하는 사람들은 1, 20년이 지나도 교회에 나오지 않습니다. 미지근한 사람들이 제일 어렵습니다. 오히려 아내가 예수님을 믿는다고 야단법석을 떨던 집안에서 그 남편이 교회에 나오는 경우가 많습니다. 이렇게 차가운 사람이 더워지는 것은 금방인데 미지근한 사람은 참 문제입니다.

바울 사도는 예수님을 믿기 전에는 아주 차가운 사람이었습니다. 그는 기독교를 몹시 박해했습니다. 얼마나 과격하게 기독교를 공박하고 박해했던지, 믿는 사람들을 감옥에 집어넣거나 아니면 때려서 피를 보아야 했습니다. 반면 바울의 스승이었던 가말리엘은 아주 도량이 넓은 사람이었습니다. "기독교? 좋지! 유대교와 닮은 데가 있어. 기독교도 인간 사회에 유익한 종교야. 가만히 둬 봐" 하는 식의 사람이었습니다. 가말리엘은 미지근한 사람이었고 바울은 차가운 사람이었는데, 결국은 바울이 예수님을 믿고 가말리엘은 끝까지 믿지 않았습니다.

루터(Martin Luter, 1483-1546)도 마찬가지입니다. 루터는 그 추운 겨울날 불도 때지 않고 이불도 깔지 않은 방에서 자기 몸을 학대하며, 어떻게 하면 죄 문제를 해결할 수 있나 고민했던 차가운 사람이었습니다. 반면, 그 당시 이름을 날린 인문주의자인 에라스무스(Desiderius Erasmus Roterodamus, 1466-1536)는 "기독교에도 진리가 있고 가톨릭에도 진리가 있으니 둘 다 사회가 필요로 하는 종교이다"라고 하면서 도량이 넓은 사람이었습니다. 차가운 사람이었던 루터는 은혜를 받아 주님을 뜨겁게 사랑하는 사람으로 바뀌었고, 에라스무스는 평생 예수님을 믿지 않았습니다.

예수님을 믿을 바에는 뜨겁게 믿어야 합니다. 열심을 가져야 합니다. 가슴이 타올라야 합니다. 주님이 원하시는 사람이 어떤 사람인지 우리는 너무나 잘 알고 있습니다. 주님이 지금 여러분에게 오셔서 여러분의 마음을 읽는다면 뜨겁다고 하시겠습니까, 미지근하다고 하시겠습니까? 누구도 이에 대해 자신을 가질 수 없을 것입니다.

무엇이 우리를 미지근하게 만드는가

라오디게아교회가 미지근해진 데에는 두 가지 이유가 있습니다. 첫 번째 이유는 그 교회가 한때 굉장히 뜨거웠다는 사실을 들 수 있습니다. 한때 믿음이 좋았고 한때 교회가 부흥했지만, 지금은 그때와 상황이 다르다는 사실에 주목해야 합니다. 사람들은 한창 좋을 때 자기도취에 빠지기 쉽고 영의 눈이 멀기 쉽습니다. 라오디게아교회도 한때 굉장한 은혜를 받고 뜨거웠던 교회였으나 '그때' 주의하지 않아 자기만족에 빠지게 되었습니다. 그때 눈이 어두워졌습니다. 그때 귀가 어두워졌습니다. 그래서 교회는 점점 식어 가는데도 하나님으로부터 받았던 놀라운 은혜가 그대로 있는 줄 알고 여전히 부자라고 착각하고 있는 것입니다. 얼마나 기가 막힌 현실입니까? 교인도 마찬가지입니다. "나도 과거에는 참 뜨겁게 예수님을 믿었어요"라고 말하는 사람을 가끔 봅니다. 뭔가 잘못된 사람입니다.

라오디게아교회가 미지근해진 두 번째 이유는 '환경'이었습니다. 라오디게아는 지금의 터키 내륙 지방에 있었으며, 그 당시 3백 년의 역사를 가진 아주 부유한 도시였습니다. 얼마나 부유했던지, 주후 60년에 대지진이 나서 도시가 크게 파괴되었을 때 로마 정부가 복구비를 지원해 주려고 해도 그것을 사양하고 독자적으로 도시를 재건할 정도로 돈이 많았습니다. 도시 중심에는 금융가가 밀집되어 있었고 제약 기술이 뛰어났으며, 유명한 의사들도 많았습니다. 그리고 온천이 있는 관광도시였습니다. 얼마나 배가 불렀는지 모릅니다. 환경이 좋아지면서 사람들은 영적인 면에 적극성을 잃었습니다. 아쉬운 것이 없다 보니 하나님이 주시는 필요에 대해 안타까움도 줄어든 것입니다. 결과적으로 미지근한 교회가 되어버렸습니다.

우리 몸은 뜨거운 물을 좋아하지 않습니다. 찬물도 마찬가지입니다. 우리 몸은 적당한 온도를 좋아합니다. 세상도 마찬가지여서 교회가 미지근하길 원합니다. 적당히 절충하며 타협하는 교회를 좋아하는 것입니다. 라오디게아교회가 바로 그런 교회였습니다.

신앙생활에는 어려움이 있는 것이 좋습니다. 제가 시무하고 있는 사랑의교회는 강남에 있어서 평균적으로 잘 사는 편이고 교인들의 생활에 별 어려움이 없어 보입니다. 그런데 이런 환경 때문에 저는 지도자로서 두려움을 느낄 때가 많습니다. 환경의 자극이 약하기 때문에 자칫하면 교인들의 신앙이 미지근하게 식을 수 있기 때문입니다. 환경이 좋으면 형식적인 신앙인이 되기 쉽습니다. 이것을 막기 위해서 우리에게는 자주자주 자극이 필요합니다. 미지근해지지 않기 위해서 위기의식이 뒤따라야 합니다.

제가 잘 아는 어떤 의사 부인이 미국에서 편지를 보내왔습니다. 편지에는 그동안 육체적으로 편하게 살 때는 영적으로 미지근하게 시냈는데 요즘 병원에서 암인지 모르겠다고 검사하러 나오라고 해서 갑자기 금식 기도를 하고 성경을 열심히 읽는다는 내용이 들어 있었습니다.

우리에게는 위기의식이 필요합니다. 이 땅 위에 사는 것이 덧없고 아무것도 아니라는 것을 깨달아야 합니다. 자기만족에서 깨어나 뜨거운 사람으로 바뀌어야 합니다. 위기나 고통이 없다면 사람들은 미지근해져 영적으로 깊은 잠에 빠지기 쉽습니다. 이런 사람들을 주님이 좋아하실 리가 없습니다. 주님은 자기를 향해 가슴이 뜨겁게 열려 있는 사람을 좋아하십니다.

행위의 온도를 측정하라

끝으로 우리가 알아야 할 중요한 사실이 있습니다. 주님께서 라오디게아교회를 보고 하시는 말씀입니다.

> 내가 네 행위를 아노니 네가 차지도 아니하고 뜨겁지도 아니하도다 네가 차든지 뜨겁든지 하기를 원하노라_계 3:15

감정이 아닌 행위에 대해 차갑다, 뜨겁다고 말하는 것은 매우 차원이 높은 표현입니다. 주님은 우리의 삶과 행동을 보신다는 사실을 반드시 기억하십시오. 주님은 삶과 행동을 보시고 마음의 온도를 측정하십니다. 사람은 마음이 뜨거운 만큼 행동합니다. 그래서 주님은 라오디게아 교인들의 행동을 보고 미지근하다고 말씀하신 것입니다.

행동이 뜨겁다는 것은 막연히 "마음이 뜨겁다", "감정이 풍부하다"라는 뜻이 아닙니다. 우리의 삶 전체가 주님을 향해 뜨겁게 움직인다는 뜻입니다. 주님을 향해 적극적이라는 뜻입니다. 주님은 이렇게 뜨거운 사람을 원하십니다. 그래서 바울도 이렇게 말했습니다.

> 부지런하여 게으르지 말고 열심을 품고 주를 섬기라_롬 12:11

"열심을 품고"라는 말은 불타는 심정으로 주님을 섬기라는 뜻입니다. 영국 런던의 메트로폴리탄 교회(Metropolitan Tabernacle)는 스펄전(Charles Haddon Spurgeon, 1834-1892)이 목회하던 교회였습니다. 1866년에 소속 교인이 4,366명으로 집계되었는데, 그 당시 세계에서 제일 큰 교회로 알려져 있었습니다. 하루는 스펄전이 교인들을 앞혀 놓고 이런 말을 했습니다.

"사랑하는 형제자매 여러분, 주님을 향해서 가슴이 뜨거운 사람 12명만 있다면 이 런던의 삭막하고 고독한 환경을 기쁨으로 충만한 곳으로 바꿀 수가 있습니다. 그러나 4,366명이 있다 할지라도 전부가 다 미지근한 신자라면 아무것도 할 수 없습니다."

그렇습니다. 오늘날 이 험악한 세대를 이기려면 주님과의 관계가 뜨거워야 합니다. 이것만이 이기는 길입니다. 어떻게 하면 우리가 주님과 뜨거워질 수 있습니까? 간단합니다. 바울처럼 항상 자기 부족을 인식하고 생활하는 것입니다. 바울이 이렇게 말했습니다.

> 내가 이미 얻었다 함도 아니요 온전히 이루었다 함도 아니라 오직 내가 그리스도 예수께 잡힌 바 된 그것을 잡으려고 달려가노라
> _빌 3:12

그리스도인에게는 자기만족이 있을 수 없습니다. "이만하면 됐겠지"라는 말이 있을 수 없습니다. 항상 앞에 있는 것을 놓고 "나는 부족하다. 더 뛰어야 해. 더 은혜를 받아야 해. 더 기도해야 해"라고 안타까워하는 사람의 자세를 평생 유지하면 그 사랑은 식지 않습니다. 개인이나 교회나 교회 지도자나 이와 같은 발전, 개혁, 자기 수정, 자기 부족을 느끼지 않고는 마음이 금방 식고 맙니다. 여러분이 안고 있는 이런저런 시험 거리가 실상은 영적으로 식어버린 데서 생긴 부작용이 아닌지 검토해 보시기 바랍니다.

이 글을 읽으면서 "아직도 나는 미지근하구나. 주님이 입에서 토해

낼지 모르겠어. 좀 더 열심을 내야지. 뜨거운 사람이 돼야지"라는 각오가 마음속에 일어나십니까? 그렇다면 그것은 성령이 들려주시는 음성입니다. 성령의 음성에 귀 기울이십시오. 지금까지 미지근했던 신앙생활을 회개하고 뜨거워지십시오. 주님이 좋아하는 사람은 화끈한 사람입니다.

7

잘나가던 데마, 결승점 앞에서 넘어지다

불행히도 데마는 예수님으로 인하여 좋은 것이 올 때만
그렇게 열심히 따랐던 인물이었습니다.
예수님으로 인하여 나쁜 것이 올 때는 그 자리를 피하는 인물이었습니다.

빌레몬서 1:24
또한 나의 동역자 마가, 아리스다고, 데마, 누가가 문안하느니라

골로새서 4:14
사랑을 받는 의사 누가와 또 데마가 너희에게 문안하느니라

디모데후서 4:10
데마는 이 세상을 사랑하여 나를 버리고 데살로니가로 갔고 그레스게는 갈라디아로, 디도는 달마디아로 갔고

잘나가던 데마, 결승점 앞에서 넘어지다

이 단원에서는 한때 바울의 동역자였던 '데마'를 통해 우리가 넘어지기 쉬운 시험에 대해 살펴보고자 합니다. 데마라는 이름은 '인기가 있다'라는 뜻입니다. 이름을 보아서는 우리에게 퍽 좋은 인상을 남길 사람 같은데, 실상은 그렇지 않습니다.

한 계단씩 내려간 사람

데마는 데살로니가에서 태어났고 바울의 전도를 받아 주님을 알게 되었습니다. 처음 예수님을 믿었을 때는 바울에게 매우 적극적으로 협조했던 사람입니다. 그는 로마 감옥에 수감될 때까지도 바울의 곁을 떠나지 않았던 사람입니다. 그래서 바울은 데마를 가리켜 '나의 동역자'라고 말했습니다.

> 또한 나의 동역자 마가, 아리스다고, 데마, 누가가 문안하느니라
> _빌 1:24

'동역자'는 생명을 같이하는 사람이란 뜻입니다. 어떻게 보면 피를 나눈 관계보다 더 깊은 사이라고도 할 수 있습니다. 살아도 같이 살고 죽어도 같이 죽자는 의미를 담고 있습니다. 그래서 우리는 이 빌레몬서의 말씀에서 바울이 데마를 장래가 촉망되는 하나님의 사역자로, 또 자기가 평생 신뢰하고 같이 일할 수 있는 사람으로 보았던 것을 알 수 있습니다. 그런데 우리는 골로새서 4장 14절도 읽어볼 필요가 있습니다.

> 사랑을 받는 의사 누가와 또 데마가 너희에게 문안하느니라
> _골 4:14

앞의 빌레몬서와 골로새서의 말씀을 비교해 볼 때 두 가지 차이점을 발견할 수 있습니다. 빌레몬서에는 누가보다 데마의 이름이 먼저 나오는데, 골로새서에서 데마의 이름이 뒤로 가고 누가의 이름이 앞으로 나옵니다. 그리고 빌레몬서에서는 데마에게 '바울의 동역자'라는 영광스러운 호칭을 붙이고 있는 반면 골로새서에서는 데마에 대해서 아무 설명 없이 이름만 기록해 놓았을 뿐이고, 누가에게는 '사랑을 받는 의사'라는 특별한 호칭을 붙이고 있습니다.

성경에서는 이름을 기록한 순서를 매우 중요하게 생각합니다. 머리가 될 사람을 꼬리에 쓰는 법은 절대 없습니다. 핵심 인물을 희미한 자리에 삽입시키는 예도 성경에는 없습니다. 반드시 그 사람의 위치와 그 사람이 하나님 앞에 받은 책임의 정도에 따라 이름의 순서가 정해집니다. 이것은 예수님의 제자들을 보아도 알 수 있습니다. 베드로의 이름이 가룟 유다 옆에 붙는 예가 없습니다. 또 사도행전 전반부에서는 바나바의 이름이 바울보다 앞서 나오는데, 이것은 바나바가 안

디옥 교회 6명의 지도자 가운데 수석 지도자였고 바울은 제일 마지막 위치의 지도자였기 때문입니다. 그러나 사도행전 13장을 넘어가기 시작하면서 바울의 이름이 바나바보다 앞서 나오는 것을 볼 수 있습니다. 바로 바울이 바나바를 제치고 선교의 핵심 인물이 되었기 때문입니다.

이렇게 성경에는 그 사람의 위치나 역량에 따라서 이름의 순서를 정하고 있습니다. 데마의 이름이 빌레몬서에서는 누가보다 앞서다가 골로새서에서 뒤떨어진 것은 데마가 영적으로 퇴보했기 때문입니다. 이미 데마가 영적으로 병들었다는 증거가 나타납니다.

> 데마는 이 세상을 사랑하여 나를 버리고 데살로니가로 갔고
> _딤후 4:10상

바울은 데마가 이 세상을 사랑했기 때문에 자기를 버리고 데살로니가로 갔다고 분명하게 지적하고 있습니다. 바울의 말년이 어떠했습니까? 홀로 감옥에 갇혀서 언제 풀려날지 모르는 고독한 처지였습니다. 바울이 감옥에 들어간 지 얼마 되지 않았을 때는 많은 신자의 도움이 있었습니다. 기도와 물질로 바울을 도왔던 것입니다. 그러나 감옥에 들어가 있는 기간이 길어지면서 한 사람 두 사람 다 떨어져 나갔습니다. 우리가 잘 아는 대로 가족 중의 한 사람이 병을 앓으면 처음 한두 달은 정성을 다해 간호합니다. 그런데 그 병이 몇 년간에 거쳐 장기간 계속되면 간호하는 사람이 지쳐버리는 것처럼, 바울을 돌보던 신자들도 능력과 체력의 한계를 느끼고 뒤로 물러선 것입니다. 그래서 바울은 순교 직전에 쓴 디모데후서에서 "아시아에 있는 모든 사람이 나를 버렸다", "다 나를 버리고 떠났다"라고 표현했습니다.

잘나가던 데마, 결승점 앞에서 넘어지다

많은 사람이 바울의 곁을 떠났습니다. 그러나 바울은 그 사람들이 믿음이 타락하여 자신을 떠났다거나 세상으로 돌아갔다는 기록은 하지 않았습니다. 그런데 유독 데마에 대해서는 이 세상을 너무 사랑하여 결국 자기의 곁을 떠났다고 분명하게 기록하고 있습니다. 데마는 확실히 실패한 것입니다. 누가와 데마를 놓고 비교해 봅시다. 처음에는 데마가 앞섰으나 결국은 누가가 승리했습니다. 데마는 중간에서 이탈했습니다.

전설에 의하면 데마는 데살로니가로 돌아가서 어느 절의 중이 되었다고 합니다. 어떻게 그럴 수 있는가 싶으면서도 한편으로는 가능하다는 생각도 듭니다. 한때 십자가의 축복을 받고 성령의 은혜에 깊이 젖었던 사람이 탈선하여 교회를 떠나면 다시 돌아오기 힘들기 때문입니다. 오히려 믿지 않던 사람을 구원하는 것이 빠르지, 그런 사람을 다시 예수님을 믿게 하는 것은 거의 불가능하다고 히브리서 기자가 말하고 있습니다(히 6:4-6 참조). 그러므로 데마가 우리에게 주는 교훈은 시작은 좋으나 끝이 나쁜 신앙생활을 하지 말라는 것입니다. 이것은 또한 우리가 교회 안에서 가장 흔하게 보는 비극 중의 하나입니다.

세상의 일도 마찬가지입니다. 젊었을 때 부귀영화를 누리던 사람이 노년에 가서는 비참한 인생을 사는 것을 봅니다. 처음에는 웅지를 가지고 시작했던 일들이 나중에는 흐지부지되어서 도무지 체면이 서지 않는 경우가 많습니다. 우리는 초지일관(初志一貫)해야 합니다. 시작이 좋아도 끝이 나쁘면 처음에 잘한 것이 의미가 없습니다. 초지일관하는 신앙인이 되지 못하면 하나님이 기뻐하시지 않습니다.

양지만 찾는 믿음

그러면 왜 데마가 초지일관하지 못했는지 이유를 살펴봅시다. 데마가 실패한 첫째 이유는 그의 믿음에 결함이 있었기 때문입니다.

뉴욕 리버사이드 교회(Riverside Church)의 해리 포스딕(Harry Emerson Fosdick, 1878-1969)이라는 설교자는 데마의 믿음을 가리켜 "기독교 복음의 양지만 찾아다니는 믿음"이었다고 지적했습니다. 예수님을 믿으면 얻게 되는 여러 가지 이점들을 '복음의 양지'라고 말합니다. 예수님을 믿으면 얻는 것이 참 많습니다. 천국에 들어가는 것은 제쳐 두고라도 이 세상에서 하나님이 주시는 은혜가 많이 있습니다. 마음의 평안을 얻고, 모든 욕심에서 해방되고, 모든 죄의 본능에서 해방되고, 기쁨과 감사가 따라오고, 어떤 어려운 환경에서도 하나님의 도우심과 축복을 체험하는 이점이 있습니다. 이런 것들이 기독교 복음의 양지인데, 데마는 이런 것에만 집착하는 사람이었습니다.

데마는 예수님을 믿은 지 얼마 되지 않았을 때는 매우 적극적인 신앙인이었습니다. 바울을 따라서 감옥에도 갔을 정도로 적극성을 보였습니다. 누구도 추종할 수 없을 만큼 그는 열성을 나타냈습니다. 그러나 불행히도 데마는 예수님으로 인하여 좋은 것이 올 때만 그렇게 열심히 따랐던 인물이었습니다. 예수님으로 인하여 나쁜 것이 올 때는 그 자리를 피하는 인물이었습니다. 이것이 그가 가진 신앙의 결점이었습니다.

예수님을 믿는 사람 가운데는 다음의 두 가지 형태가 있습니다. 어떤 사람은 예수님의 옷자락을 잡고 따라가고, 또 어떤 사람은 예수님에게 완전히 사로잡혀서 따라갑니다. 데마는 예수님을 믿기는 해도 예수님의 옷자락을 쥐고 따라가는 사람이었습니다. 그는 복음에 관심을 가진 사람이기는 했지만, 복음에 사로잡힌 사람은 아니었습니다.

복잡한 거리에서 어린아이가 엄마의 치맛자락을 잡고 따라다니는 모습을 종종 보게 됩니다. 그런데 이것은 위험천만한 일입니다. 어린아이의 눈에 무엇인가 신기한 것이 보이면 아이는 자기도 모르게 엄마를 붙잡았던 손을 놓아 버리기 쉽습니다. 그러므로 아이가 안전하려면 엄마가 아이의 손을 꼭 붙잡아야 합니다.

우리의 믿음도 마찬가지입니다. 마치 어린아이가 엄마 옷자락을 잡고 따라가는 듯한 신앙이 되면 안 됩니다. 예수님의 소유가 되어야 합니다. 도저히 나 자신이 빠져나갈 수 없을 만큼 예수님에게 완전히 사로잡힌 신앙생활이 되어야 합니다. 주님의 손에 붙들려야만 끝까지 주님을 따라갈 수 있습니다.

여러분은 혹시 데마와 같은 사람이 아닙니까? 데마와 같은 사람의 마음 밑바닥에는 세상을 사랑하는 마음이 깔려 있습니다. 예수님보다 세상에 더 마음이 사로잡혀 있습니다. 우리가 즐겨 부르는 새찬송가 94장(통 102) 〈주 예수보다 더 귀한 것은 없네〉의 1절 가사입니다.

> 주 예수보다 더 귀한 것은 없네
> 이 세상 부귀와 바꿀 수 없네
> 영 죽을 내 대신 돌아가신
> 그 놀라운 사랑 잊지 못해
> 세상 즐거움 다 버리고
> 세상 자랑 다 버렸네
> 주 예수보다 더 귀한 것은 없네
> 예수 밖에는 없네

우리는 이 세상의 행복과 이 세상의 자랑과 그 모든 것보다도 예수님을 더 사랑해야 합니다. 우리의 마음 밑바닥에 세상에 대한 사랑이 있다면 끝까지 주님을 따라가지 못합니다. 하나님은 우리에게 하나님과 재물을 동시에 사랑할 수 없다고 말씀하셨습니다. 언젠가는 더 사랑하는 쪽으로 돌아선다는 말입니다. 하나님을 세상보다 더 사랑하는 사람은 끝까지 주님을 따를 것입니다. 그러나 하나님보다 세상을 더 사랑하는 사람은 신앙생활이 추운 음지로 바뀌면 쉽게 돌아서서 세상을 따라가고 맙니다. 데마와 같은 사람이 되는 것입니다.

오늘날 교회 안에는 양지만을 찾아다니는 신자들이 많습니다. 예수님을 왜 믿느냐고 물어보면 행복하게 살 수 있고, 또 자신에게 유익이 되기 때문이라고 대답하는 그런 신자들입니다. 그런데 만약 예수님을 믿어서 고통이 온다고 하면 그들이 믿으려고 하겠습니까? 예수님을 믿는 것이 세상을 살아가는 데 지장이 된다면 그들이 믿으려 하겠습니까?

예수님을 믿으면 제일 먼저 일어나는 변화가 있습니다. 세상을 사랑하던 마음에 혁명이 일어납니다. 지금까지 자기가 행복이라고 여겼던 세상의 모든 가치관이 달라집니다. 세상을 보는 눈이 달라집니다. 세상을 향한 마음이 달라집니다. 이런 본질적인 변화가 일어나지 않고서는 끝까지 주님을 따라가지 못합니다.

∘ ∘ ∘ ∘ ∘ ∘
용두사미(龍頭蛇尾)

두 번째, 데마가 실패한 이유는 성격상 결함이 있었다는 것입니다. 데마가 매우 쉽게 대답하는 성격이라는 것을 우리는 짐작할 수 있습니다. 이런 성향을 지닌 사람은 오래 인내하지 못하는 결함을 가지고 있습니다. 출발은 잘했다 할지라도 끝까지 끌고 가는 능력이 없으면 나중에는 비극으로 끝나기 마련입니다. 바울을 강한 자석이라고 한다면, 데마는 연한 쇠붙이에 비유할 수 있습니다. 데마는 바울이 훌륭해 보일 때는 무작정 바울에게 끌려갔습니다. 그러나 바울이 감옥에 갇혀서 초라해 보일 때는 바울이 아닌 다른 쪽으로 끌려갔습니다.

데마는 감정의 노예였습니다. 자기 자신을 속이고 양심을 떠나서 생활하는 사람이었습니다. "주님을 따르고 주님을 위해 살겠습니다"라고 일단 마음을 정했으면 끝까지 자신을 속이지 말고 주님을 따라가야 하는데, 데마는 너무 쉽게 그것을 포기했습니다. 이것이 데마가 가진 성격의 결함이었습니다.

교회 안에서도 가끔 데마와 비슷한 사람들을 봅니다. 이런 사람들은 말도 잘하고 대답도 잘하고 결단도 잘합니다. 처음에는 몹시 열심을 내며 밤낮없이 교회에서 뛰어다닙니다. 그런데 얼마 가지 않아 풀썩 주저앉고 맙니다. 제가 제일 싫어하는 사람은 식언(食言)하는 사람입니다. 자기 말을 부도내는 사람을 저는 제일 싫어합니다. 끝까지 밀고 나가는 추진력이 필요합니다. 시작만 잘하면 무슨 소용 있습니까? 초지일관하는 사람을 주님은 기뻐하십니다.

타이타닉(Titanic)호는 섬나라 영국이 가장 자랑하던 초호화 여객선이었습니다. 세계에서 가장 큰 여객선이었던 타이타닉호는 1912년 4월에 국왕을 위시한 많은 국민이 참석한 가운데 성대한 진수식을 했습니다. 그리고 2,208명의 여객을 싣고 첫 출항을 했습니다. 그 여객 가운데는 타이타닉호의 앞날을 축하하는 의미에서 승선한 영국 정부의 고관들이 많이 있었습니다. 그러나 뉴펀들랜드(Newfoundland, Islands) 해역에서 떠다니는 빙산과 충돌하여 출항한 지 2시간 40분 만에 침몰하고 말았습니다. 이 사고로 1,513명이라는 많은 사람이 바다에 잠겼습니다. 아무리 진수식이 거창하고 첫 출항이 화려해도 끝까지 항해 하지 못하면 비극적인 최후를 마칠 수밖에 없습니다.

우리 가운데에도 데마처럼 출발은 잘했지만, 지속력이 약한 사람들이 있습니다. 사람마다 성격상의 약점은 있기 마련입니다. 그러나 예수님을 믿으면 이 변덕스러운 성격이 바뀝니다. 하나님은 예수님을 믿고 하나님의 자녀가 된 사람을 끝까지 하나님 나라에 들어오게 하시려고 성령을 통해 그 사람의 약한 부분을 집중적으로 치료하십니다. 그래서 예수님을 믿으면 성격이 변합니다. 변덕스러웠던 사람이 아주 성실한 사람으로 바뀝니다. 성령께서 약한 부분을 고쳐 주십니다.

저도 늘 그것을 체험하고 삽니다. 저는 원래 성격이 좋은 사람이 아니었습니다. 그러나 예수님을 믿고 나서 중생함을 받은 것이 분명한 그때부터 하나님께서는 나의 약한 부분을 하나하나 고치셨습니다. 깎을 곳은 깎고 철판을 덮을 곳은 덮고, 땜질할 곳은 땜질해서 이러한 약한 부분으로 인해 사탄의 시험을 당하지 않도록, 예수님을 모른다고 돌아서지 않도록 하나님이 완전히 고쳐 주셨습니다.

여러분에게도 데마와 같이 성격에 결함이 없는지 한번 살펴보십시오. 그러한 약점이 발견된다면 곧 하나님 앞으로 나오시기를 바랍니다. 그리고 기도하십시오. "주님, 내 약한 부분을 고쳐 주세요. 내 힘으로는 고치지 못합니다. 그러나 주님은 고칠 수 있습니다." 만약 데마가 자기 성격의 결점을 알고 주님 앞에 무릎을 꿇었더라면 그는 결코 실패하는 사람이 되지 않았을 것입니다. 데마는 자기 성격의 결함을 깨닫지 못해 실패했습니다.

계산은 제대로 해야지!

또 한 가지 데마가 실패한 이유가 있습니다. 그것은 끝까지 주님을 따라가기 위해 데마가 치러야 할 값을 미리 계산하지 못했다는 것입니다. 누가복음서에만 등장하고 마태나 마가나 요한이 기록하지 않은 예수님의 비유가 있습니다. 바로 망대의 비유입니다.

> 너희 중의 누가 망대를 세우고자 할진대 자기의 가진 것이 준공하기까지에 족할는지 먼저 앉아 그 비용을 계산하지 아니하겠느냐 그렇게 아니하여 그 기초만 쌓고 능히 이루지 못하면 보는 자가 다 비웃어 이르되 이 사람이 공사를 시작하고 능히 이루지 못하였다 하리라_눅 14:28-30

어떤 사람이 망대를 세운다고 한번 상상해 봅시다. 높은 탑을 세우는데 사전에 비용이 얼마나 들겠는지 계산을 해보아야 하지 않겠습니까? 계산을 해 보고 자기 재력으로 충분하다고 생각될 때 망대 공사를 시작하는 것이지, 계산도 하지 않고 공사를 시작했다가 중도에 돈이 모자라서 그만둔다면 지나가는 사람들이 하다 만 공사를 보고 미련한 사람이라고 욕하지 않겠느냐는 내용의 말씀입니다.

하나님 나라에 들어가겠다고 결단한 사람은 사전에 분지해야 합니다. 쉽게 말하면, 하나님 나라에 들어갈 비용을 생각해야 한다는 것입니다. 예를 들어, 미국까지 가는 비행기 삯이 얼마인지, 또 자기가 가지고 있는 돈이 얼마인지 헤아려 보지도 않고 미국에 가겠다고 뛰어다니는 사람이 있다면 우리가 그 사람을 어떻게 생각하겠습니까? 나중에 비행기표 사러 간 사람이 돈이 모자란다고 고개를 푹 숙이고 돌아오는 장면을 한번 상상해 보십시오. 그야말로 미련한 사람의 모습입니다.

우리가 예수님을 믿고 하나님 나라에 들어가는 데는 값이 치러야 합니다. 세상의 모든 것을 포기해야 하는 값을 내야 합니다. 달리 말해, 지금까지 세상에서 좋아하던 것을 내려놓아야 합니다. 지금까지 최고인 줄로만 알았던 세상의 행복과 쾌락과 부귀영화가 하나님 나라 가는 데는 걸림돌이 된다는 사실을 깨달아야 합니다.

데마는 로마에서 바울을 시중들 때 로마 감옥에 자주 드나들었습니다. 그때 그는 로마의 휘황찬란한 영광을 보았습니다. 그리고 감옥에 있는 바울의 초라한 모습을 보았습니다. 데마의 마음이 흔들렸습니다. 네로(Nero Claudius Caesar Augustus Germanicus, 37-68)가 예수님보다 커 보였고, 하나님 나라는 로마의 번영에 비해 너무 초라해 보였습니다. 로마의 귀족들이 바울보다 훨씬 지혜롭고 행복한 사람들처럼 보였습니다. 바울처럼 예수님을 따라가려면 로마에서 보는 인간의 부귀영화를 다 포기해야 하겠기에 데마는 두말하지 않고 로마의 영광을 택했던 것입니다.

시작이 좋았던 데마였지만 세상을 사랑했기 때문에 마음이 변했습니다. 하나님 나라를 바라보고 끝까지 신앙생활을 하려면 값을 잘 계산해야 합니다. 늘 하나님이 우리에게 요구하시는 값을 치를 준비를 해야 합니다. 내가 주님을 위해 이것을 포기할 수 있는가, 내가 주님을 위해 저것도 포기할 수 있는가, 내가 이 모든 것을 다 버리고 주님을 따라갈 수 있는지를 잘 살펴보아야 합니다.

신자 중에 가족들이 교회 나가는 것을 싫어한다고 그냥 풀썩 주저앉아 버리는 사람이 있습니다. 또 일기예보를 듣고 주일에 기온이 30℃만 넘어간다고 하면 교회 가는 것을 포기하고 종일 집에서 시원하게 지내려는 사람도 있습니다. 이런 사람들은 예수님을 믿기는 해도 땀 한 방울 흘리기 싫다는 사람들입니다. 또 어떤 사람은 교회 안에 보기 싫은 사람이 있다고 교회에 나오지 않습니다. 이렇게 나약한 사람들이 하나님 나라에 들어가겠다고 출발하는 것을 보면 참 신기하다는 생각이 듭니다.

우리는 이미 출발을 잘한 사람들입니다. 그러나 데마처럼 되지 맙시다. 하나님 나라에 들어가려면 값을 많이 치러야 합니다. 주님은 우리를 위해 모든 것을 주셨기에 우리의 모든 것을 요구하십니다. 하나님 나라의 영광이 너무 아름답기 때문에 이 세상 전부를 다 바쳐야만 얻을 수 있습니다. 그래서 이 세상을 사랑하는 사람은 하나님 나라를 얻지 못합니다. 쾌락과 부귀영화와 이 세상의 권력을 하나님보다 더 사랑하는 사람은 이 세상에서는 잘살지 모르지만, 영원한 나라의 영광은 잃어버립니다.

데마처럼 되지 맙시다. 우리가 마지막 날에 천국 문 앞에 서면 주님이 우리의 손목을 잡고 인도하실 것입니다. "끝까지 잘 참고 견뎠구나. 내가 너에게 마지막으로 주려고 하는 영광이 얼마나 큰지 한번 들어와 봐라. 세상에서 잠깐 살면서 네가 누리려고 했던 영광에 비교가 되느냐?"라고 말씀하실 것입니다. 바울은 그것을 본 것입니다.

> 생각하건대 현재의 고난은 장차 우리에게 나타날 영광과 비교할 수 없도다_롬 8:18

천국을 바라보는 눈을 가지면 이 세상의 어떤 것도 보잘것없어 보입니다. 영원한 하늘나라에 대한 소망이 있기 때문에 절대로 중도에 포기하지 않습니다.

인생이 많이 남았다고 장담하지 마십시오. 당장 오늘 저녁이라도 하나님 나라 문 앞에 서게 될지 모릅니다. 데마처럼 중도에 포기하고 돌아서는 낙오자가 되지 말고 하나님 나라에 들어갈 그날까지 전진합시다. 그리스도인은 앞날에 주실 영광을 내다보고 전진하는 사람들입니다. 영원한 천국이 있는데 어떻게 작은 문제에 걸려 쓰러질 수 있습니까? 어떻게 작은 감정 때문에 돌아설 수 있습니까? 영원한 저 나라에서 면류관을 얻을 때까지 모든 어려움을 이기고 전진합시다.

8

진정한 승자는 결승점에서 웃는다

영원한 것을 소유하기 위해 지금 당장 어떤 값을 내야 한다면
가난도 눈물도 배고픔도 달게 받으라고 하십니다.
이것이 복이라고 하십니다.
이렇게 사는 사람을 복된 사람이라고 하십니다.

누가복음 6:24-26

24 그러나 화 있을진저 너희 부요한 자여 너희는 너희의 위로를 이미 받았도다 25 화 있을진저 너희 지금 배부른 자여 너희는 주리리로다 화 있을진저 너희 지금 웃는 자여 너희가 애통하며 울리로다 26 모든 사람이 너희를 칭찬하면 화가 있도다 그들의 조상들이 거짓 선지자들에게 이와 같이 하였느니라

진정한 승자는
결승점에서
웃는다

우리는 성경을 통해서 예수님이 우리에게 주시는 교훈을 듣다가 보면 충격을 받을 때가 많습니다. 예수님의 가치관과 우리의 가치관이 너무 거리가 멀기 때문입니다. 예수님의 가치관을 이해하는 것은 매우 어렵습니다. 예수님의 가치관은 혁명적입니다. 달리 말해, 우리가 처해 있는 일반적인 상황, 곧 평범한 상황에서는 그 말씀을 이해하기 어렵다는 말입니다.

비범한 예술 작품들이 창작된 당대에는 빛을 보지 못하다가 작품을 창작한 예술가가 죽고, 적지 않은 세월이 흐른 후에야 비로소 참된 가치를 인정받는 경우를 봅니다. 이런 작품들은 가히 혁명적인 작품입니다. 이런 작품을 창작한 예술가는 그야말로 멀리 내다보는 눈을 가진 사람입니다. 현실에 매여있던 그 당시의 사람들은 도저히 그 작품의 가치를 깨닫지 못하는 것입니다. 우리가 예수님의 가치관을 쉽게 이해하지 못하는 것도 바로 이런 이치라고 말할 수 있습니다.

예수님, 가치관의 종말을 고하시다

어떤 부자 관리가 예수님을 찾아와서 "내가 영생을 얻고 싶은데 어떻게 하면 됩니까?" 하고 질문했습니다. 예수님은 그 관리를 살펴보시고 그의 마음이 돈에 붙어 있다는 것을 아셨습니다. 그래서 그가 천국에 들어가는 것은 낙타가 바늘귀로 들어가기보다 더 어렵다고 판단하셨습니다. 예수님은 "네 재물을 다 팔아서 가난한 사람들에게 나누어 주고 그다음에 나를 따르라. 그러면 영생을 얻게 될 것이다"라고 말씀하셨습니다. 그 관리는 근심하는 빛이 가득해서 돌아갔습니다(눅 18:18-25 참조).

주님이 가르치는 영생은 그 관리에게는 귀한 것이 아니었습니다. 차라리 재물을 가지고 살다가 망하면 망했지, 영생을 얻기 위해 재물을 다 허비한다는 것은 자신에게 있을 수 없는 일이라고 판단했기 때문입니다. 예수님의 가치관과 부자 관리의 가치관은 하늘과 땅의 차이와 같습니다.

예수님의 제자들은 예루살렘 성전을 바라보고 그 예술적인 아름다움이 황홀하여 예수님에게 "주여, 얼마나 아름답습니까!"라고 말했습니다. 그러나 예수님이 예루살렘성을 바라보시는 눈은 달랐습니다. "아름다운 것도, 좋은 것도 아니다. 때가 되면 다 무너져 내리고 돌 위에 돌 하나도 놓이지 않고 다 괴멸될 것이다"라고 말씀하셨습니다(눅 21:5-6 참조). 같은 사물을 보고 있었지만 보는 눈이 달랐습니다. 가치관의 차이입니다.

예수님을 재판한 빌라도는 이 세상 국가가 전부라고 생각한 사람이었습니다. 그러나 예수님은 이 세상 국가에는 관심이 없었습니다. "내 나라는 이 세상에 속한 것이 아니니라"(요 18:36)라고 분명히 말씀하셨습니다. 가치관의 차이입니다.

이렇듯 예수님에 대한 기록을 보면 예수님과 우리 사이에 굉장한 거리가 있다는 것을 발견하게 됩니다. 예수님은 이렇게 말씀하십니다.

> 심령이 가난한 자는 복이 있나니 천국이 그들의 것임이요 애통하는 자는 복이 있나니 그들이 위로를 받을 것임이요_ 마 5:3-4

가난한 자와 우는 자가 복이 있다는 이 말을 우리가 어떻게 이해할 수 있습니까? 세상 사람들은 이것을 복이 아니라 불행이라고 생각합니다. 그런데 예수님은 우리에게 복이라고 가르치십니다.

> 그러나 화 있을진저 너희 부요한 자여 너희는 너희의 위로를 이미 받았도다 화 있을진저 너희 지금 배부른 자여 너희는 주리리로다 화 있을진저 너희 지금 웃는 자여 너희가 애통하며 울리로다 모든 사람이 너희를 칭찬하면 화가 있도다_ 눅 6:24-26상

부요한 자가 화가 있다는 것, 배부른 자가 화가 있다는 것, 웃는 자가 화가 있다는 것, 칭찬을 받는 자가 화가 있다는 이 말을 어떻게 이해할 수 있습니까? 세상 사람들은 이것을 복이라고 합니다. 재물이 있고 건강하고 인기를 누리고 평안하면 복이 있다고 말합니다. 그런데 예수님은 복(福)이 아니고 화(禍)라고 말합니다. 가치관의 차이입니다.

다이스만(Gustav Adolf Deissmann, 1866-1937)이라는 학자가 이 본문을 놓고 의미 있는 표현을 했습니다.

"이 말씀은 예수님이 평지에서 무리를 모아 놓고 하신 말씀인데 그

평지에는 긴장된 분위기가 감돌았을 것이다. 왜냐하면 예수님의 이 말씀이 듣는 무리에게 하늘의 별처럼 아름답게 들리는 말씀이 아니라 번갯불같이, 천지를 놀라게 하는 천둥소리같이 들렸을 것이기 때문이다. 이것은 세상에 대한 가치관의 종말을 고하는 말씀이었다."

왜 예수님과 우리의 가치관에 차이가 있습니까? 왜 사람들이 복이라고 하는 것을 주님은 복이 아니라고 하십니까? 왜 우리는 복이 아닌 것을 복이라고 움켜쥐고 손에서 놓지 않으려고 하는 것입니까? 바로 죄가 들어와서 인간이 타락했기 때문입니다.

하나님의 형상을 닮아 천사처럼 고결했던 인간이 죄로 인하여 타락한 결과, 인간은 짐승의 자리로 끌려 내려왔고 티끌의 세계로 내려와 앉았습니다. 동시에 하나님의 형상인 의와 거룩과 진리를 상실하고 그 대신 짐승 같은 본능적인 것들이 인간의 마음을 사로잡았습니다. 눈에 보이는 육체적인 것, 물질적인 것들이 영원한 것을 바라볼 수도 없도록 인간의 눈을 가려 놓았습니다. 그렇기 때문에 우리는 옳고 그른 것을 판단하고 복과 화를 판단하는 기준마저 비뚤어져서 제대로 판단하지 못하는 사람이 되어 버렸습니다.

그래서 인간을 구원하기 위해 세상에 오신 예수님은 분명히 다른 가치관을 가지고 올 수밖에 없었습니다. 우리가 귀하다고 생각하는 것은 예수 그리스도가 가치 있다고 하는 것은 차이가 날 수밖에 없습니다. 그러므로 우리는 예수님의 말씀에 귀를 기울여야 합니다. 우리는 우리의 죄 때문에 올바른 가치관을 가질 수 없었음을 인정해야 합니다. 만약 여러분이 이 사실을 인정할 수 없다면 여러분은 하나님 앞에서 교만한 자입니다.

영원하지 못한 것을 포기하라!

오늘날 세상은 진정한 기차의 척도를 어디에 둡니까? 어제 옳다고 하던 진리가 와르르 무너져 내리고 맙니다. 어디에서 영원불멸한 가치의 척도를 찾을 수 있습니까? 하나님의 자녀가 되었다면 예수님이 가르쳐 주시는 가치관에 귀를 기울여야 합니다. 예수님이 복이라고 하는 것을 복으로 받아들이고 화라고 하는 것을 화로 생각해야 합니다. 나에게 있어서 아무리 귀한 것이라고 해도 예수님이 화라고 하시면 과감히 포기하는 믿음이 있어야 합니다. 이것이 구원받은 자의 변화된 모습입니다.

> 그러나 화 있을진저 너희 부요한 자여 너희는 너희의 위로를 이미 받았도다 화 있을진저 너희 지금 배부른 자여 너희는 주리리로다 화 있을진저 너희 지금 웃는 자여 너희가 애통하며 울리로다 모든 사람이 너희를 칭찬하면 화가 있도다 그들의 조상들이 거짓 선지자들에게 이와 같이 하였느니라_ 눅 6:24-26

본문에는 세 가지의 의미가 담겨 있습니다. 첫째로, 예수님은 우리에게 참된 가치를 가진 영원한 행복에 눈을 뜨라고 말씀하십니다. 하나님 나라에 대해서, 영원한 것에 대해서, 영원히 사는 영생에 대해서, 영원한 하나님의 존재에 대해서, 참된 기쁨과 행복에 대해서, 영적인 것에 대해서 눈을 뜨라고 말씀하십니다.

며칠 전, 집을 나와 엘리베이터를 타고 내려오는데 이웃에 사는 부인을 만났습니다. 이 부인은 미션 대학을 다녔기 때문에 예수님이 누구인지, 또 신앙생활을 해야 한다는 것도 알고 있는 부인이고, 가끔 마음이 내키면 교회에 나가기도 하는 분입니다. 그래서 제가 자주 전도를 했지만, 아직도 예수님을 믿을 생각이 없나 봅니다. 그날도 짧은 시간이지만 꼭 전도를 해야겠다고 마음먹고 이런 질문을 던져보았습니다. "사모님, 이 세상에서 70년은 그런대로 행복하게 살겠지요. 그런데 영원을 어디에서 보내실 작정이세요?" 그랬더니 그 부인은 말없이 저를 쳐다보고 웃기만 합니다. 그게 뭐 그리 대단한 일이냐고 하는 웃음 같았습니다. 그러나 저는 제가 던진 그 질문이 판자에 잘 박힌 못처럼 그분의 마음에 단단하게 박히길 바랐습니다.

눈에 보이는 것이 전부라고 생각하는 사람은 영원한 것에 관심이 없습니다. 육체적인 것이 전부라고 생각하는 사람은 영적인 것의 의미를 모릅니다. 세상의 행복이 최고라고 생각하는 사람은 영원한 나라의 축복이 무슨 소용이냐고 덮어버립니다. 이런 답답한 사람들을 향해서 주님은 영원한 것에 대해서 눈을 뜨라고 말합니다. 참된 가치를 가진 영원한 행복이 따로 있다고 말씀하시는 것입니다.

둘째로, 주님은 우리에게 영원하지 못한 세상의 것들을 포기하라고 말씀하십니다. 우리가 어떻게 세상의 것들을 포기합니까? 아무리 재물이 영원하지 못해도 어떻게 포기할 수 있습니까? 아무리 인간의 아름다움과 젊음이 잠깐 지나가는 아침의 꽃과 같은 것이라 해도 어떻게 포기할 수 있습니까? 그러나 주님은 포기하라고 합니다. 달리 말하면, 그런 것에 집착하지 말라는 말입니다. 아무리 돈이 많아도 돈에 전적으로 마음을 두지 말고, 아무리 권세가 있어도 하루아침의 물거품과 같은 권세에 마음을 두지 말고, 아무리 젊고 건강하다 할지라도 그 젊고 건강한 것에 마음을 빼앗기지 말라는 것입니다. 속기 전에, 탄식하기 전에 마음을 떼라는 것입니다.

주님은 칼로 자르듯이 냉철하게 말씀하십니다. 오른팔과 왼팔이

시험이 없는 신앙생활은 없다

있는데 한쪽 팔이 자꾸 나쁜 짓을 한다면 그 팔을 찍어 버리라고 합니다. 차라리 세상에서 한쪽 팔을 찍어 버리고 불구의 몸으로 살다가 하나님 나라에 가는 것이 낫다고 했습니다. 세상에서 양팔 다 가지고 건강하게 살다가 나중에 지옥으로 가는 것보다 낫다는 말입니다(마 5:30 참조). 우리의 생각과 얼마나 거리가 멉니까! 영원한 그 나라에 들어가려면 세상의 모든 것을 포기해야 합니다.

세 번째로, 주님은 우리에게 어떤 희생도 달게 받아야 한다고 말씀하십니다. 영원한 것을 얻기 위해서 치러야 하는 희생을 감사함으로 받으라는 것입니다. 때로는 배고픔도, 때로는 가난함도, 때로는 울어야 하는 상황에서도 그것을 하나님의 복으로 생각하라는 말입니다. 일시적으로 가난하고 배고프고 울고 버림받는 것이 겁나서 영원한 것을 일시적인 것과 바꾸는 사람들은 불행합니다. 에서가 일시적인 허기를 이기지 못해 장자의 권리를 팥죽 한 그릇과 바꿔 먹은 것 같은 어리석음을 범해서는 안 됩니다. 영원한 것을 소유하기 위해서 일시적인 것을 포기하면 하나님께서 영원한 복을 주십니다.

"화 있을진저 너희 이제 웃는 자여!"

차라리 현실적인 것을 손해를 보더라도 영원한 것은 놓치지 말라는 주님의 말씀이 세상 사람들에게는 어떻게 들리겠습니까? 아마 그들은 바보 같은 소리라고 비웃을 것입니다. 이 본문에는 "너희 이제 웃는 자여!"라는 말씀이 나옵니다. 세상 사람들은 어떤 경우에 웃습니까? 배가 부를 때, 부유할 때, 인기와 명예를 누리고 살 때 웃습니다. 이런 웃음은 예수님을 믿는 사람이 웃는 웃음과 다른 웃음입니다. 누가복음 6장에는 또 다른 종류의 웃음이 나옵니다.

그날에 기뻐하고 뛰놀라 하늘에서 너희 상이 큼이라_눅 6:23

이 웃음은 예수님 때문에 웃는 웃음입니다. 이 웃음은 영원한 나라의 복을 내다보는 성도들의 웃음입니다. 이것은 좋은 웃음입니다. 예수님을 믿는 사람들에게는 이런 평안한 웃음이 있습니다. 이 웃음은 세상 사람들의 웃음과 다릅니다. 천국을 소유한 사람은 어떠한 환경에서도 웃을 수 있습니다. 예수님 안에는 영원한 나라의 소망이 있기 때문에 세상에서 실패하고 병들고 힘이 없어도 웃을 수 있는 것입니다. 예수님을 믿는 사람들에게는 이 귀한 웃음이 있습니다. 그리고 이와 반대인 웃음이 있습니다.

화 있을진저 너희 지금 배부른 자여 너희는 주리리로다 화 있을진저 너희 지금 웃는 자여 너희가 애통하며 울리로다_눅 6:25

이 웃음은 배가 불러서, 육신이 만족해서 웃는 웃음입니다. 예수님 때문에 웃는 웃음이 아니라 자기 때문에 웃는 웃음입니다. 이것은 불신앙의 웃음입니다. 교만의 웃음입니다. 다윗에게 달려드는 악인들이 "야, 네가 날마다 주여, 주여 하는데 하나님이 어디 있느냐?"라며 파안대소하던 바로 그 웃음입니다(시 42:1-3 참조). 영원한 것을 위해서 눈에 보이는 것을 포기하라고 하니까 말 같지도 않은 소리라고 킬킬 웃는 웃음입니다. 이런 웃음을 일컬어서 솔로몬은 우매자의 웃음이라고 했습니다. 솥 밑에서 가시나무가 타는 소리 같다고 했습니다(전 7:6). 전도서 2장 2절에서는 "웃음에 관하여 말하여 이르기를 그것은 미친 것이라"라고 표현했습니다.

격언 중에 "하나님 앞에서는 울라. 사람 앞에서는 웃으라"라는 말이 있습니다. 인간의 본질은 하나님 앞에서 웃을 수 없습니다. 죄를 지은 인간이 하나님 앞에 원수가 되어 있는데 어떻게 웃을 수 있습니까? 하나님의 심판과 진노가 눈앞에 가로놓여 있는데 어떻게 웃을 수 있습니까? 바울은 이 세상 만물이 다 죄 때문에 탄식한다고 했습니다. 더러운 인간 때문에 인간이 고통받고 탄식하고, 동물들이 고통받고 탄식하고, 자연 만물이 고통받고 탄식하고, 하늘의 별들마저 고통받고 탄식하는 것이 오늘의 현실입니다. 이런 현실 앞에서 배를 두드리고 웃는 것은 미친 짓입니다. 어느 인간이고 죄를 범하지 않는 인간이 없는데, 하나님 앞에서 킬킬대고 웃고 있다면 그 사람은 미친 사람이 아닙니까? 예수님을 믿고 죄를 용서받기 전에는 어떤 인간도 하나님 앞에서 웃을 수 없습니다.

1870년에 작고한 프레드릭 모리스(John Frederick Dension Maurice, 1865-1892) 목사는 설교를 통해 웃음에 대한 의미 있는 교훈을 남겼습니다.

> "우리가 웃는 웃음이 우리를 울지 못하는 사람으로 만들든지 우리가 웃는 웃음이 이 세상의 슬픔을 알지 못하게 한다면 그 웃음에는 죽음과 불행이 도사리고 있습니다. 마땅히 하나님 앞에서 울어야 할 사람이 웃음 때문에 울 줄 모르는 사람으로 변해 버렸다면 그 웃음이야말로 그 사람을 죽음으로 이끌고 가는 것입니다."

모리스 목사의 설교는 새삼 "하나님 앞에서는 울라, 사람 앞에서는 웃으라"라는 격언을 생각나게 합니다.

내 안의 복병을 섬멸하라!

여러분은 어떤 웃음을 웃는 사람입니까? 어리석은 웃음을 웃고 있지는 않습니까? 어리석은 웃음을 웃는 사람을 향해 주님은 기가 막힌 한 마디를 던지십니다. "화 있을진저"라는 말씀입니다. 이 말은 단순한 감정을 담고 있지 않습니다. 답답하고 슬프고 비통한 심정으로 하는 말입니다. 절망적인 사람에게 던지는 말입니다.

주님은 벳새다 사람들에게 "화 있을진저"라고 했습니다. 벳새다 사람들은 예수 그리스도의 이적과 기사를 보고도, 예수님의 말씀을 듣고도 도무지 회개하지 않았습니다. 소돔과 고모라 사람들보다 더 절망적인 사람으로 보셨기 때문에 주님은 "화 있을진저"라고 하셨습니다(눅 10:12-13).

또한 유대의 종교 지도자인 대제사장, 바리새인, 사두개인, 율법사, 서기관들을 보고 주님은 "화 있을진저 외식하는 바리새인들아, 외식하는 율법사들아"라고 말씀하셨습니다(눅 11:37-52 참조). 이 사람들을 독사의 새끼들이라고 말씀하셨습니다(마 23:33 참조). 소망이 없는 그 사람들을 보시고 견디지 못해 하신 말씀이 "화 있을진저"였습니다.

예수님은 가룟 유다에게도 이 말씀을 하셨습니다. 은 삼십에 하나님의 아들을 팔아넘기는 가룟 유다를 보시고 가슴 속에 견딜 수 없는 슬픔을 느낀 나머지 "인자는 이미 작정된 대로 가거니와 그를 파는 그 사람에게는 화가 있으리로다"(눅 22:22)라고 말씀하셨습니다.

주님은 세상의 여러 가지 욕심에 끌려서 배부른 것, 부유한 것, 인기를 누리는 것, 이 모든 것을 가지고 하나님 앞에 파안대소하는 인간에게 "화 있을진저"라고 말씀하십니다. 소망이 없는 사람으로 보셨기 때문입니다. 주님의 심정은 마치 자식을 보는 어버이의 심정과 같습니다.

제가 시무하고 있는 사랑의교회가 유흥가 주변에 있기 때문에 가끔 탄식이 터져 나오는 장면을 목격하게 됩니다. 나이트클럽이나 술집 등을 출입하면서 인생을 유희처럼 제멋대로 살아가는 젊은이들을 보게 됩니다. 내일 일을 생각하지 않고 기분이 내키는 대로 먹고 마시고 즐기는 그들을 볼 때 제 마음은 정말 안타깝습니다. 며칠 즐기려다 평생 고생하는 미련한 사람입니다. 마치 불을 보고 달려드는 하루살이와 같습니다. '대한민국의 젊은이들이 저래서는 안 되는데. 우리 후손이 저래서는 안 되는데' 하는 안타까움이 절실합니다.

이런 안타까운 마음을 가지고 주님이 "화 있을진저"라고 말씀하셨습니다. 세상에서 7, 80년 사는 것이 전부인 줄 알고 땅의 것만 쳐다보고 사는 인간들을 볼 때 주님께서는 너무나 답답한 나머지 "화 있을진저"라고 탄식하시는 것입니다.

주님은 영원한 것에 눈을 뜨라고 하십니다. 일시적인 것에서 마음을 떼라고 하십니다. 영원한 것을 소유하기 위해 지금 당장 어떤 값을 내야 한다면 가난도 눈물도 배고픔도 달게 받으라고 하십니다. 이것이 복이라고 하십니다. 이렇게 사는 사람을 복된 사람이라고 하십니다.

영원한 것을 얻기 위해 고생해야 한다면 차라리 고생합시다. 영원한 나라를 기쁨으로 얻기 위해 현세에서 좀 모자라게 살아야 한다면 차라리 그것을 기쁨으로 받아들입시다. 영원한 나라에 들어가 주님과 영원히 살기 위해서라면 어떠한 환경도 기쁨으로 받아들입시다. 주님은 그런 사람이 더 지혜로운 자라고 말씀하셨습니다.

안타깝게도 많은 성도가 마귀가 쉽게 시험할 만한 허점이 자신에게 있다는 사실을 심각하게 받아들이지 않습니다. 시험의 결과에만 집착하면서 염려합니다. 세상을 사랑하는 마음, 위의 것을 경시하는 사고, 뒤틀린 가치관 등 시험을 끌어들이는 악한 요인들이 살아 있는데 이것들을 과감하게 처리하려고 하지 않습니다. 이런 사람은 누구라도 시험에서 헤어나지 못합니다. 마귀에게 남몰래 문을 따주는 복병을 먼저 색출해서 섬멸시켜야 시험을 이길 수 있습니다.

예수님을 믿는 사람은 예수님의 가치관에 귀를 기울여야 합니다. 하루살이와 같은 인생을 살다가 나중에 영원한 지옥에서 울부짖고 이를 가는 사람이 되어서는 안 됩니다. 비록 현실이 고통스럽다 해도 영원한 나라를 바라보며 기쁘게 웃으며 전진해야 합니다. 그런 성도에게 마귀는 섣불리 접근하지 못합니다.

9

제자리에 두어야 걸려 넘어지지 않는다

인생에서 최선의 것은 최선의 자리에 놓아야 하고
차선의 것은 차선의 자리에 놓아야 합니다.
명심하십시오! 하나님이 최우선입니다.
하나님 나라가 최우선입니다. 하나님의 의가 최우선입니다.

마태복음 6:25-34

25 그러므로 내가 너희에게 이르노니 목숨을 위하여 무엇을 먹을까 무엇을 마실까 몸을 위하여 무엇을 입을까 염려하지 말라 목숨이 음식보다 중하지 아니하며 몸이 의복보다 중하지 아니하냐 26 공중의 새를 보라 심지도 않고 거두지도 않고 창고에 모아들이지도 아니하되 너희 하늘 아버지께서 기르시나니 너희는 이것들보다 귀하지 아니하냐 27 너희 중에 누가 염려함으로 그 키를 한 자라도 더할 수 있겠느냐 28 또 너희가 어찌 의복을 위하여 염려하느냐 들의 백합화가 어떻게 자라는가 생각하여 보라 수고도 아니하고 길쌈도 아니하느니라 29 그러나 내가 너희에게 말하노니 솔로몬의 모든 영광으로도 입은 것이 이 꽃 하나만 같지 못하였느니라 30 오늘 있다가 내일 아궁이에 던져지는 들풀도 하나님이 이렇게 입히시거든 하물며 너희일까 보냐 믿음이 작은 자들아 31 그러므로 염려하여 이르기를 무엇을 먹을까 무엇을 마실까 무엇을 입을까 하지 말라 32 이는 다 이방인들이 구하는 것이라 너희 하늘 아버지께서 이 모든 것이 너희에게 있어야 할 줄을 아시느니라 33 그런즉 너희는 먼저 그의 나라와 그의 의를 구하라 그리하면 이 모든 것을 너희에게 더하시리라 34 그러므로 내일 일을 위하여 염려하지 말라 내일 일은 내일이 염려할 것이요 한 날의 괴로움은 그날로 족하니라

제자리에 두어야 걸려 넘어지지 않는다

우선순위를 바로 정하는 것은 우리가 잘 아는 바와 같이 가장 힘든 일 중 하나입니다. 인생에서 최선의 것은 최선의 자리에 놓아야 하고 차선의 것은 차선의 자리에 놓아야 합니다. 그런데 많은 사람이 우선순위를 결정하는 데 실패하기 때문에 인생 그 자체가 실패로 끝날 때가 많습니다. 누군가의 말처럼 우리는 너무 약해서 실패하는 것보다 우선순위가 잘못되어 실패하는 경우가 더 많습니다.

알렉산더 블랙이라는 소설가는 사람들이 평소에 무엇을 제일 중요하게 생각하는가를 알아보기 위해 이런 질문을 던지곤 했다고 합니다. "당신이 만약 백만장자가 된다면 그 돈을 제일 먼저 어디에 쓰고 싶습니까?"라는 질문입니다. 이 질문에 어떻게 대답하느냐에 따라 그 사람의 평소 생각이 어디에 제일 많이 가 있는지를 알 수 있습니다.

'세상 사람'은 누구인가?

예수님께서는 오늘 이 본문을 통해 중요한 것을 두 가지 제시해 주고 계십니다. 첫째로, 하나님을 모르는 세상 사람들이 우선순위를 어디에 두고 사는가 하는 것을 가르쳐 주십니다

세상 사람들은 우선순위를 어디에 두고 사는 사람들입니까? 그들은 무엇을 먹을까, 무엇을 마실까, 무엇을 입을까에 모든 신경을 곤두세우고 거기에 집중적으로 정성을 쏟고 산다고 주님은 가르쳐 주십니다. 이런 사람을 일컬어 세상 사람이라고 말합니다. 그런데 무엇을 먹을까, 무엇을 마실까, 무엇을 입을까 하는 것은 현대사회에 비추어 볼 때 꼭 먹고 사는 문제만은 아닌 것 같습니다. 세상 사람들은 철저하게 현실적인 문제, 육신적인 문제, 자기 자신만의 문제에 최우선의 관심을 두고 있다는 말입니다.

말씀의 거울에 자신을 비추어 보십시오, 자신의 관심이 어디에 집중되어 있는지 곰곰이 생각해 보십시오. 나 자신의 문제, 내 가정의 문제, 세상에서 어떻게 하면 더 잘살 수 있을까, 어떻게 하면 이 사회에서 멋지게 출세할 수 있을까 하는 문제에 전적으로 마음이 가 있다면 여러분은 오늘 스스로 자신이 세상 사람임을 주님께 고백해야 합니다. 그리고 여러분이 지금까지 중요하다고 생각해 온 것보다 더 중요한 것이 있다는 것을 깨달아야 합니다.

그러나 이러한 깨달음은 예수님을 믿고 새로운 진리의 세계에 발을 들여놓아야만 가능합니다. 세상이 너무 어둡기 때문입니다. 어두운 굴속에서는 자신의 욕망을 앞세우며 그것을 추구하는 것이 가장 지혜로운 길이라고 생각할 수밖에 없습니다. 이것이 어두운 세계에서 통하는 상식입니다. 자신을 바로 깨닫기 위해서는 그 어두운 굴속에서

나와야 합니다. 빛이신 예수 그리스도 앞에 나와서 다시 한번 자기를 돌아보아야 합니다. 지금까지 중요하다고 생각했던 것들이 정말 중요한 것인지, 그것보다 더 중요한 것은 없는지 예수님 앞에서 다시 검토해 볼 필요가 있습니다.

주님은 분명히 대답하실 것입니다. 더 중요한 것이 있다고! 더 중요한 것을 찾으라고 말씀하실 것입니다. 어떻게 하면 우리가 그 중요한 것을 찾을 수 있습니까? 우선 예수님 "나의 하나님이요 나의 구원자"이심을 고백해야 합니다. 그리고 자신이 죄인이라는 것을 솔직하게 시인해야 합니다. 예수 그리스도의 십자가의 피가 아니면 하나님 앞에서 도저히 용서받을 수 없는 죄인이요, 영원히 멸망할 수밖에 없는 사람이라는 것을 솔직히 시인해야 합니다. 그리고 "주님, 나를 도와주세요. 내가 주님을 믿겠습니다"라고 하나님 앞에 꿇어 엎드리면 우리 주님께서는 여러분의 마음의 눈을 열어 주셔서 정말 중요한 것이 무엇인지 말씀을 통해 깨닫게 하실 것입니다.

한 저명한 교수가 그의 저서를 통해 이런 말을 했습니다.

"나는 이미 65세가 되었다. 이제 정년퇴직을 할 텐데 그다음 남은 시간을 어떻게 살아갈까? 어디에서 시간을 보낼까? 어디에다 시간을 바칠까? 나는 오늘날까지 참으로 많은 책을 읽었지만, 아직도 읽지 못한 책들이 너무 많다. 내가 읽고 싶은 책에 대한 스케줄을 짜놓고 그 계획대로 책을 읽으며 여생을 보내고 싶다. 그리고 내 자식들에게는 내가 죽으면 나의 관 속에는 논어와 성경책을 꼭 넣어달라고 유언을 남기겠다."

저는 이분의 글을 읽고 참 멋진 인생 설계라고 생각했습니다. 그러나 또 한편으로는 그분의 우선순위가 잘못되었다는 것을 발견했습니다. 65세가 넘어가면 하루를 장담할 수가 없습니다. 언제 하나님이 그 영혼을 부르실지 모릅니다. 이분의 우선순위가 되어야 할 것은 하나님 앞에 서는 것을 준비하는 것입니다. 영원한 영생을 자신의 것으로 소유하는 것입니다. 예수님을 믿고 영원히 사는 길을 찾아 나서는 것이 가장 우선적인 일이지, 세상의 책 몇 권 보는 것이 우선순위가 될 수 없습니다. 대학교수라고 해도 영적인 눈이 열리지 못하면 우선순위가 잘못되기 마련입니다. 이와 같은 세상 사람들의 우선순위를 세우지 않도록 합시다.

'신자'는 누구인가?

본문에서 주님이 우리에게 가르쳐 주시는 것이 있습니다. 예수님을 믿는 사람은 우선순위가 다르다는 것입니다. 그럼 신자가 최우선을 두고 살아야 하는 것은 무엇입니까? 말씀에 답이 있습니다.

> 너희는 먼저 그의 나라와 그의 의를 구하라_마 6:33상

주님은 하나님 나라와 하나님의 의를 먼저 구하라고 말씀하셨습니다. 주님이 최우선이라고 말씀하신 것은 하나님, 하나님 나라, 하나님의 의, 이 세 가지입니다. 다른 말로, 예수 그리스도, 예수 그리스도의 나라, 예수 그리스도의 의입니다. 그래서 예수님을 믿는 사람들은 하나님 의, 하나님의 나라, 하나님, 이 세 가지를 최우선에 두고 생을 살아야 한다고 말씀하십니다. 신자가 우선순위를 바로 두고 있지 않다면 세상 사람과 다를 것이 무엇이냐고 주님이 반문하십니다.

여러분의 경우는 어떻습니까? 말씀 앞에 여러분 자신을 그대로 벗어 놓고 우선순위가 바로 되어 있는지 검토해 보십시오. 만약 이 문제

가 바로 정립되어 있지 않다면 큰 모순에 빠지고 맙니다.

예수 그리스도는 하나님, 우리의 왕입니다. 왕은 절대로 차선의 자리에 앉는 법이 없습니다. 더욱이 만유의 주요, 만왕의 왕이신 예수 그리스도가 아닙니까! 마땅히 그분이 앉는 자리는 가장 높은 자리입니다. 우리의 마음에 들어오시든, 교회에 오시든, 이 세상 어느 자리에 가시든 예수님이 앉는 자리는 가장 높은 자리입니다. 그는 절대자요, 주권자이기 때문입니다. 그런데 그분을 바른 자리에 모시지 못하면 이것만큼 큰 모순이 없습니다.

하늘나라에서의 삶은 예수 그리스도만을 높이 모시고 찬양하는 삶입니다. 사도 요한이 환상 중에 하나님 나라에서 살고 있는 형제들을 보니 어린양이라는 제목의 노래를 부르고 있다고 했습니다. 그 노래의 내용은 이렇습니다.

> 주여 누가 주의 이름을 두려워하지 아니하며 영화롭게 하지 아니하오리이까 오직 주만 거룩하시니이다_계 15:4상

주님의 이름 앞에는 모든 사람이 와서 경배한다는 내용의 노래입니다. 그만큼 우리 하나님, 우리 예수님은 높은 분입니다. 이 높고 위대하고 광대하신 분이 우리가 예수님을 믿는 그 순간부터 우리의 마음 속에 들어와 계십니다. 그렇기 때문에 예수님을 믿는 사람은 주님을 최우선의 자리에 모시고 살아야 합니다.

왕이 아직 어려서 국사를 논할 만한 준비가 되어 있지 않을 때 누군가 배후에서 왕을 조종하는 정치를 섭정(攝政)이라고 합니다. 우리나라의 역사에서도 어린 왕이 왕좌에 앉아 있으나 그 뒤에 휘장을 쳐 놓고 어머니가 앉아서 사사건건 간섭한 경우가 있었습니다. 이런 경우

에는 왕이 제자리에 앉아 있는 것이 아니라 휘장 뒤의 대비가 실세를 휘두르고 있는 것입니다. 우리의 신앙생활에서도 비슷한 현상을 볼 수 있습니다. 예수님을 영접한 자는 그 마음의 보좌에 반드시 예수 그리스도가 앉으셔야 합니다. 그런데 그분을 왕으로 대접하기보다는 우리가 뒤에서 마음대로 섭정을 하는 경우가 많습니다.

우리는 주님께 순종하기보다 주님이 우리에게 순종하도록 강요하는 듯한 언동을 자주 합니다. 주님을 그분의 위치에 맞게 대우하지 않기 때문에 이런 일이 일어나는 것입니다. 그래서 매사에 우선순위가 뒤죽박죽이 되는 것입니다.

예수님이 왕으로서 가장 원하시는 것은 바로 예수 그리스도의 나라, 하나님 나라를 완성하는 것입니다. 이 하나님 나라를 완성하기 위해 주님은 의를 가지고 다스리십니다. 자기 힘으로 의를 받을 수 없는 자에게 예수 그리스도의 십자가를 통해 새로운 의를 가르쳐 주십니다. 그러므로 우리가 예수님을 믿기만 하면 하나님께서 의롭다 칭하시는 복을 주시는 것입니다. 하나님이 거저 주시는 그 의를 받는 자마다 어두움에서 빛으로, 죽음에서 영생으로 다시 살아납니다.

하나님이 거저 주시는 의를 통해서 구원받은 성도는 자연히 하나님의 계명대로 거룩하게 살게 됩니다. 이러한 그리스도인의 삶을 통해서 이 땅 위에 그리스도의 나라를 확장하는 것이 주님의 소원입니다. 이제 조금 있으면 언젠가 이 세상은 끝이 납니다. 하나님이 심판하시면 옛 하늘과 옛 땅은 끝이 납니다. 주님의 관심은 새 하늘과 새 땅에 있습니다. 하나님 나라의 완성에 있습니다.

제가 시무하고 있는 사랑의교회는 개척 당시 허름한 건물에서 예배를 드릴 때는 교인들 모두가 그 교회 건물을 퍽이나 아끼고 사랑했습니다. 조금만 망가진 곳이 있어도 고치고, 조금만 불편한 곳이 있어도 목수를 데려다가 다듬고 깨끗하게 쓰려고 노력했는데, 새 교회당을 짓고 교회 골조가 점점 눈앞에 드러나니까 낡은 건물에는 관심이 사라졌습니다. 문이 떨어져 나가도 그대로 두고 전선이 흘러내려도 손질할 생각을 하지 않게 되었습니다. 우리는 새 집에 마음이 있지, 헌 집에는 관심이 없었기 때문입니다. 새 집을 지으면서 헌 집에 계속 마음이 가 있는 사람이 있다면 정상이 아닐 것입니다.

우리 마음속에 계시는 예수님이 바로 그런 분입니다. 예수님은 새 나라, 즉 하나님 나라에 마음이 가 있지, 곧 망해 버릴 세상에 관심이 없습니다. 그러므로 예수님을 마음에 모신 사람은 자연히 예수님이 제일 중요하게 다루시는 문제를 최우선으로 생각하게 됩니다.

교회의 교역자마다 자기의 생각이 있고 자기 주관이 있습니다. 그러나 일단 교회에 들어온 이상 그날부터 그 교회의 담임목사를 중심으로 일하는 것을 봅니다. 담임목사가 무엇을 생각하는지, 무엇을 계획하는지, 목회 철학이 무엇인지 관심을 가지고 그것에 자기 뜻을 맞추려고 합니다. 이것이 정상입니다. 마찬가지로 예수님을 모시고 사는 하나님의 자녀라면 예수님의 뜻에 자기 뜻을 맞추어야 합니다. 주님의 뜻이 따로 있고 내 뜻이 따로 있다면 그것은 갈등이지, 하나님을 모시고 사는 것이 아닙니다.

'이방인'은 누구인가?

어떤 때에는 성경 말씀의 단어 하나하나가 매우 중요한 의미를 갖습니다. 우리가 예수님, 예수님의 나라, 예수님의 의에 얼마나 우선순위를 두고 살아야 하는지 다음의 두 단어가 말해 줍니다. 하나는 "구하다"이고, 또 하나는 "염려하다"입니다.

> 그러므로 염려하여 이르기를 무엇을 먹을까 무엇을 마실까 무엇을
> 입을까 하지 말라 이는 다 이방인들이 구하는 것이라_마 6:31-32상

예수님을 안 믿는 이방인들은 항상 마시고, 먹고, 입는 것을 구합니다. '구하다'라는 말은 있는 힘을 다해 찾는다는 말입니다. 예수님을 안 믿는 사람들이 그렇게 힘을 다해서 먹고 마시는 것을 찾습니다. 그리고 여기에 또 다른 '구하다'라는 말이 있습니다.

> 그런즉 너희는 먼저 그의 나라와 그의 의를 구하라 그리하면 이 모든 것을 너희에게 더하시리라_마 6:33

주님은 예수님을 믿는 사람에게 먼저 하나님의 나라와 하나님의 의를 구하라고 말씀하셨습니다. 이방인은 물질을 구하려고 종일 힘을 기울여 노력하지만, 예수님을 믿는 사람들은 우선권이 바뀌었기 때문에 하나님 나라와 하나님의 의를 구한다고 말씀하십니다.

그리고 "염려하다"라는 말이 있습니다. 이방인은 물질을 구하다가 욕심이 지나쳐 염려에 빠지게 됩니다. 그러나 예수님을 믿는 사람들에게는 색다른 염려가 있습니다. 하나님과 그의 나라와 그의 의를 열심히 구하다 보니 생기는 염려입니다. 항상 하나님을 생각하고 하나님 나라를 걱정하다가 그것이 염려로 바뀌어 나중에는 주님 앞에 엎드려 울기까지 합니다. 이것이 그리스도인의 모습입니다.

우리는 하나님 나라와 하나님의 의를 최우선에 두고 사는 삶에 대해 너무 거창하게 생각하는 경향이 있는데 마귀는 이것을 잘 이용합니다. 우리가 하나님의 말씀대로 살려고 할 때 마귀는 그렇게 못하도록 충동합니다. "하나님을 최우선으로 사는 것은 엄청난 일이야. 너는

못 해. 그것은 특별히 은혜를 받은 사람에게나 가능해"라고 소곤거립니다. 그러면 마귀의 꾐에 넘어간 사람은 '그렇지, 내 믿음으로는 곤란해. 내가 집사도 아닌데 어떻게 감히'라고 생각하며 자기변명에 빠지고 맙니다.

생각의 순서부터 바꾸어야

하나님과 그의 나라와 그의 의를 우선에 두는 생활은 생각을 바꾸는 데서부터 시작합니다. 가장 기본적인 것에서부터 시작합니다. 예전에는 육신을 먼저 생각했는데, 이제는 영적인 것을 먼저 생각하게 됩니다. 생각의 순서가 바뀌는 것입니다. 예전에는 내가 먼저였지만 이제는 예수 그리스도를 먼저 생각할 수 있는 마음의 변화가 일어납니다. 마음이 바뀌지 않으면 우선권이 결코 정립될 수 없습니다. 마음이 바뀌지 않기 때문에 기회를 따라, 형편에 따라 생활하는 것입니다.

바다에 사는 소라게는 세계적으로 100여 종 되는 그 가운데 어떤 것은 날 때부터 자기가 살 수 있는 껍데기를 가지고 나고, 어떤 것은 가지지 못하고 태어납니다. 어떻든 집이 있어야 살 수 있으니 집이 없는 녀석은 자기 눈에 들면 아무 데나 들어가서 제집처럼 삽니다. 이 소라게는 기어 다니다가 비어 있는 소라 껍데기 가운데서 하나를 고른 후 집게발을 벌려 그 입구를 재어 봅니다. 재어 보고 그 집이 자기 몸에 맞겠구나 하면 지체하지 않고 배부터 밀어 넣고 들어갑니다. 그리고 그 안에서 삽니다. 살다가 몸이 커져 불편해지거나 좀 싫증이 나면 금방 껍데기를 휙 벗어버리고 다른 소라 껍데기를 찾아 나섭니다. 마음에 드는 것이 생기면 들어가 살다가 싫으면 또 집어던집니다. 이것이 소라게의 생활 습성입니다.

예수님을 믿는 사람 가운데 마음이 근본적으로 변하지 않은 사람은 소라게처럼 자주 자기 집을 바꾸는 버릇이 있습니다. 주일을 맞으면 주일에 뒤집어쓰고 갈 수 있는 껍데기, 달리 말해서 예수님을 믿는 행세를 하는 껍데기를 뒤집어쓰고, 월요일이 되면 이번에는 세상에서 부담 없이 살 수 있는 껍데기가 필요합니다. 글쎄, 그 껍데기가 어떻게 생겼는지 모르지만, 하여튼 옷을 바꿔 입는 것입니다. 그래야만 마음 편하게 살 수 있으니 말입니다.

신자의 옷은 하나뿐입니다. 예수 그리스도의 옷, 그것뿐입니다. 어디든지 그 옷을 입고 다녀야 합니다. 그렇게 하려면 육신보다 영혼, 현세보다 영원, 자기보다 하나님께 중심을 두어야 합니다. 그래야 어느 곳에서나 하나님의 영광을 위해 살 수 있습니다. 여러분은 어떤 상황에 놓여 있습니까? 만약 여러분이 소라게처럼 껍데기를 자꾸 갈아야 할 상황이라면 이것은 영적으로 마음이 변하지 않았다는 증거입니다. 이런 사람은 매사에 주님 중심으로 우선순위를 정하고 사는 것이 불가능합니다.

우선순위-시험에서 헤어나지 못하는 원인

두 번째로, 하나님에게 우선순위를 두고 살려면 매일매일 하나님을 가장 먼저 만나야 합니다. 앤드류 보나(Andrew Bonar, 1810-1892)라는 성경학자는 이런 생활 원칙을 가지고 있었습니다.

- 예수님께 말씀드리기 전에는 누구에게도 이야기하지 않는다.
- 무릎을 꿇기 전에는 아무 일도 하지 않는다.
- 성경을 읽기 전에는 어떤 책도 읽지 않는다.

약간 괴팍한 것 같기도 하고 수도원적인 생활 같기도 합니다. 옆의 사람이 말을 걸어오는데도 묵묵히 있다가 기도한 다음에 그 사람과 이야기 한다는 것은 좀 이상하기도 합니다. 또 하나님 앞에 무릎 꿇고 하나님께 모든 것을 맡기기 전에는 절대로 움직이지 않겠다는 것입니다. 성경을 읽기 전에는 아무것도 읽지 않겠다는 생활 원칙도 그렇습니다. 좀 과격한 것 같지만 그 정신은 너무나 아름답습니다. 우리에게 중요한 것은 마음입니다. 그 마음의 중심이 참 중요한 것입니다.

〈긴급한 일의 횡포〉라는 칼럼에 재미있는 이야기가 나옵니다. 아침에 일찍 일어나서 하나님과 만나기 위해 대충 정리를 해놓고 조용히 성경을 들고 앉았는데 갑자기 전화가 옵니다. 하나님과 먼저 교제를 나누고 싶은데…. 남편이 지갑을 놓고 나왔으니 들고나오라는 연락이었습니다. 긴급한 일의 횡포입니다. 긴급한 일은 별로 중요하지도 않으면서 요란합니다. 그러나 진짜 중요한 일은 조용합니다. 그래서 우리는 때로 중요한 것은 조용하니까 그냥 넘겨 버리고, 긴급한 일은 소란을 피우니 그것이 더 중요한 것으로 생각하여 거기에 시간을 다 바치고 맙니다. 곧 우선권이 완전히 바뀐 생활을 하는 것입니다. 우리는 하나님을 먼저 만나야 합니다.

마지막으로, 하나님 나라와 그의 의를 최우선에 두는 것은 하나님이 원하시는 일에 충성하는 것입니다. 하나님이 원하시는 일은 하나님 나라를 확장하고 그 나라를 의로 다스리는 것입니다. 하나님 나라는 교회로부터 시작되었고 신자의 마음에서부터 시작되었습니다. 이 나라가 확장될 때 주님이 영광을 받으시는 마지막 날이 옵니다. 영원한 하나님 나라에서 영원토록 주를 찬송할 수 있는 파라다이스가 우리 눈앞에 펼쳐집니다.

하나님은 그 나라가 완성되기를 바라시기 때문에 어떤 때는 우리에게 일을 시키십시다. 예를 들면, 사무실 옆자리에 있는 형제에게 전도하게 한다든지, 교회에서 시간을 바쳐서 충성하게 한다든지, 우리가 모은 재산 중에 얼마를 떼어서 주님의 나라를 위해서 투자하게 단다든지, 우리의 재능을 사용하게 하는 등 우리를 통해서 이루시고자 하는 하나님의 일이 많이 있습니다. 이러한 일에 우리가 최선을 다해 충성해야 합니다.

만약 우리가 날마다 재산을 증식하는 것, 지위가 올라가는 것, 쾌락을 즐기는 것이나 생각하며 살아간다고 가정해 봅시다. 반면에 사랑을 실천하는 것, 복음을 전하는 것, 경건하게 하는 것에는 별로 관심이 없다고 생각해 봅시다. 그러면 우리 사회가 어떻게 되겠습니까? 어떤 학자의 말처럼 교도소를 더 지어야 할지 모릅니다. 또 정신병원을 더 지어야 할지도 모릅니다. 나중에는 군대를 위해서 더 많은 세금을 바쳐야 할 것입니다. 그러나 예수님을 믿는 사람이 많아지면 이러한 악순환은 끝이 납니다. 하나님 나라를 위해서 충성하는 사람이 많아지면 많아질수록 이 사회가 깨끗해집니다. 행복한 나라가 될 수 있습니다.

명심하십시오! 하나님이 최우선입니다. 하나님 나라가 최우선입니다. 하나님의 의가 최우선입니다. "그것을 위해서라면 내 사업도, 내 가정도, 내 모든 건강도, 재능도 주님을 위해 쓰겠습니다"라는 뜨거움을 가지고 하루하루를 살면 나머지 문제는 주님이 다 책임져 주시고, 우리의 삶에는 주님이 주시는 평안과 행복이 늘 깃들 수 있습니다.

예수님을 믿는다고 하면서 항상 크고 작은 시험으로부터 헤어나지 못하는 원인을 잘못된 우선순위에서 찾아보십시오. 오랜 세월 동안 굳어진 생활 습관을 냉정하게 살펴보면 앞뒤가 뒤틀린 일들이 많을 것입니다. 시험은 이런 데서 시작되고 커지는 것입니다. 지금 당장 무릎을 꿇고 하나님 나라와 의를 최우선에 두는 사람으로 만들어 달라고 기도하십시오.

10

삼손,
밑 빠진 독에
물을 붓다

약한 부분 때문에 시험에 빠지는 것이 아닙니다.
약한 부분을 알고도 기도하지 않기 때문에
그 게으름과 교만을 뚫고 마귀가 들어오는 것입니다.

사사기 16:15-22

15 들릴라가 삼손에게 이르되 당신의 마음이 내게 있지 아니하면서 당신이 어찌 나를 사랑한다 하느냐 당신이 이로써 세 번이나 나를 희롱하고 당신의 큰 힘이 무엇으로 말미암아 생기는지를 내게 말하지 아니하였도다 하며 16 날마다 그 말로 그를 재촉하여 조르매 삼손의 마음이 번뇌하여 죽을 지경이라 17 삼손이 진심을 드러내어 그에게 이르되 내 머리 위에는 삭도를 대지 아니하였나니 이는 내가 모태에서부터 하나님의 나실인이 되었음이라 만일 내 머리가 밀리면 내 힘이 내게서 떠나고 나는 약해져서 다른 사람과 같으리라 하니라 18 들릴라가 삼손이 진심을 다 알려 주므로 사람을 보내어 블레셋 사람들의 방백들을 불러 이르되 삼손이 내게 진심을 알려 주었으니 이제 한 번만 올라오라 하니 블레셋 방백들이 손에 은을 가지고 그 여인에게로 올라오니라 19 들릴라가 삼손에게 자기 무릎을 베고 자게 하고 사람을 불러 그의 머리털 일곱 가닥을 밀고 괴롭게 하여 본즉 그의 힘이 없어졌더라 20 들릴라가 이르되 삼손이여 블레셋 사람이 당신에게 들이닥쳤느니라 하니 삼손이 잠을 깨며 이르기를 내가 전과 같이 나가서 몸을 떨치리라 하였으나 여호와께서 이미 자기를 떠나신 줄을 깨닫지 못하였더라 21 블레셋 사람들이 그를 붙잡아 그의 눈을 빼고 끌고 가사에 내려가 놋 줄로 매고 그에게 옥에서 맷돌을 돌리게 하였더라 22 그의 머리털이 밀린 후에 다시 자라기 시작하니라

삼손,
밑 빠진 독에
물을 붓다

삼손은 들릴라와 더불어 잘 알려져 있는 구약의 인물입니다. 그는 매우 극적인 인생을 살았던 사람입니다. 우리는 삼손의 짧은 자서전을 통해 하나님의 자녀들에게 가르쳐 주기를 원하는 하나의 산 진리를 배우려고 합니다. 결론부터 말하자면 그는 우리에게 아무리 영광스러운 인물이라도 시험을 이기지 못하면 비참해진다는 진리를 실감 나게 가르쳐 주고 있습니다.

삼손은 태어날 때부터 하나님께 바쳐진 나실인이었습니다. 나실인이란 하나님을 위해서 특별히 헌신한 사람을 말합니다. 하나님은 삼손을 나실인으로 구별해 주셨습니다. 나실인에게는 하나님 앞에서 지켜야 할 특별한 약속이 있습니다. 태어날 때부터 머리에 삭도를 대어서는 안 됩니다. 달리 말해, 머리카락을 자르면 안 된다는 말입니다. 그리고 포도주를 마셔도 안 됩니다. 또 평생 자신의 성결을 더럽혀서도 안 됩니다(민 6:1-21 참조). 그러나 삼손은 끊임없이 시험을 당했습니다. 시험은 하나님이 하지 말라는 것을 마귀가 하게 만드는 것입니다. 삼손의 경우, 나실인으로서의 서약을 어기고 그의 생활과 인격이 더러워지도록 유혹을 받는 것을 시험이라고 합니다.

신자에게도 하나님이 하지 말라는 것이 있습니다. 하나님의 자녀가 되었기 때문에 해서는 안 되는 일들이 있습니다. 그런데 그렇게 하도록 은근히 유혹한다든지 강요하는 것을 시험이라고 말합니다.

그리스도인은 예수 그리스도를 통해서 죄 사함을 받은 거룩한 백성입니다. 거룩한 사람이라고 칭함을 받은 그리스도인입니다. 우리에게는 여전히 약점이 있고 여전히 죄성이 있지만, "그리스도 예수 안에 있는 자에게는 결코 정죄함이 없다"(롬 8:1)라고 하신 하나님께서 우리를 거룩한 자녀로 불러 주셨습니다. 그리고 우리의 마음속에 성령이 거하심으로 우리를 온전히 거룩하게 하셔서 평생 하나님의 자녀로, 예수님의 신부로 거룩하고 성결한 삶을 살도록 만들어 주셨습니다. 그런데 이것을 무너뜨리려는 온갖 유혹이 끊임없이 하나님의 자녀인 우리를 향해 다가옵니다. 이러한 유혹을 시험이라고 합니다.

삼손은 하나님의 특별한 은혜를 받은 사람이었습니다. 삼손에게는 하나님이 주신 초인적인 힘이 있었습니다. 그리고 이 힘을 약화시키려는 시험이 계속해서 그를 괴롭혔습니다. 평안과 기쁨을 빼앗고 좌절과 혼란에서 헤어나지 못하게 하려는 도전이 연이어 찾아왔습니다. 예수님을 믿는 우리에게도 하나님께서 특별한 은혜를 허락하셨습니다. 성령을 주신 것입니다. 누구든지 성령을 받으면 능력을 얻는다고 했습니다. 이 세상을 이길 수 있는 능력, 시험을 극복할 수 있는 능력, 불가능한 일을 하게 하는 능력, 세계를 복음화하는 능력, 이 모든 능력을 하나님이 주셨습니다. 그런데 이 능력을 약화시키기 위한 시험이 얼마나 많은지 모릅니다.

마귀는 신자를 질투한다

시험은 마귀에게서 옵니다. 마귀가 하나님의 백성을 시험하는 이유는 질투하고 미워하기 때문입니다.

에덴동산에는 하나님의 모습을 닮은 피조물이 있었습니다. 아담입니다. 하나님은 아담을 너무나 멋지게 창조하셨습니다. 그래서 마귀는 견딜 수가 없었습니다. 질투가 나고 증오심이 생겼습니다. '저것을 가만히 두어서는 안 되겠다. 어떻게 해서든지 끌어내려야지.' 에덴동산에 침투한 마귀는 드디어 인간을 몰락시켰습니다.

하나님의 아들이 인간의 몸을 입고 세상에 오셨습니다. "그의 영광을 보니 아버지의 독생자의 영광이요 은혜와 진리가 충만하더라"(요 1:14하). 하나님의 아들은 너무 아름답고 거룩했습니다. 마귀는 질투가 나서 견딜 수가 없었습니다. 광야로 하나님의 아들을 찾아갔습니다. 그곳에서 마귀는 온갖 계략을 동원하여 예수님을 시험하려고 했습니다. 미워하고 질투했기 때문입니다.

마귀는 삼손을 미워하고 질투했습니다. 그는 마귀의 미움을 받을 만큼 탁월한 면을 가지고 있었습니다. 히브리서 저자는 삼손을 영웅처럼 돋보이는 믿음의 사람으로 표현했습니다(히 11:32). 히브리서 11장에는 우리가 하나님 나라에 무사히 들어가도록 옆에서 박수하고 격려하고 더 힘을 내라고 소리치는 많은 거룩한 믿음의 증인들이 나오는데 삼손도 그 가운데 한 사람입니다. 이와 같이 삼손에게는 탁월한 면이 있었기 때문에 마귀는 그를 미워하고 시기했습니다. 끝까지 그를 따라다니며 시험했습니다.

마귀의 시험은 현대의 신자들에게도 마찬가지입니다. 마귀는 잠시도 활동을 멈추는 때가 없습니다. 예수님을 믿는 사람들을 가장 미워하는 것이 마귀입니다. 우리를 지독하게 미워하고 지독하게 질투하는 것이 바로 마귀입니다. 마귀는 왜 그토록 하나님의 자녀를 미워합니까? 왜 하나님의 자녀를 그토록 시기합니까?

주님은 우리의 머리에 면류관을 씌워 주시고 의의 옷을 입혀 주셨습니다. 우리는 그리스도의 신부입니다. 우리는 영광스러운 하나님의 형상을 가지고 있습니다. 그렇기 때문에 마귀가 하나님의 자녀를 질투하고 미워하지 않을 수가 없는 것입니다. 주님은 우리에게 이렇게 말씀하셨습니다.

> 세상이 너희를 미워하면 너희보다 먼저 나를 미워한 줄을 알라 너희가 세상에 속하였으면 세상이 자기의 것을 사랑할 것이나 너희는 세상에 속한 자가 아니요 도리어 내가 너희를 세상에서 택하였기 때문에 세상이 너희를 미워하느니라_요 15:18-19

주님은 우리가 세상에 속한 사람이 아니기 때문에 세상이 우리를 미워한다고 했습니다. 달리 말하면, 우리가 마귀에게 속한 사람이 아니기 때문에 세상이 우리를 미워한다고 했습니다. 하나님의 자녀는 늘 마귀의 질투와 증오의 대상이 되는 사람입니다. 그러나 마귀의 시험에 하나님의 자녀가 무릎을 꿇는다면 이것만큼 비참한 것이 없습니다.

밑 빠진 독을 고쳐라!

삼손이 마귀의 시험에 넘어졌을 때 그의 몰골이 어떠했습니까? 그는 마귀에게 사정없이 삭발을 당했습니다. 들릴라의 무릎을 베고 잠든 사이에 그의 힘의 상징인 머리카락이 잘려 나갔습니다. 그리고 그와 동시에 하나님의 능력이 그에게서 떠났습니다. 삼손이 일어나 "내가 전과 같이 나가서 몸을 떨치리라"라고 했지만 그러지 못했습니다. 그는 벌써 힘이 다 빠진 초라한 사람이었습니다. 곧이어 또 다른 재앙이 찾아왔습니다. 삼손은 두 눈이 뽑혔습니다. 캄캄한 암흑을 헤매는 시각장애인이 되고 말았습니다. 그리고 그는 어두운 감옥에서 맷돌을 돌리는 비참한 신세로 전락했습니다.

이 시대를 사는 신자들의 입장도 마찬가지입니다. 우리도 마귀의 시험에 넘어가면 삼손과 다를 바 없이 비참해집니다. 우리도 영적으로 깊이 잠들어 버리면 동서남북을 헤아리지 못하고 아무 힘을 쓰지 못합니다. 거룩한 성결이 더러워지면, 마귀가 끄는 대로 끌려다니면서 비참하게 불의의 병기로 마귀의 종살이를 하게 되는 것입니다. 그러면 우리의 마음속에 있던 평안과 기쁨이 사라지고, 대신 좌절과 혼란이 우리의 마음을 가득 채웁니다. 이제 바로 살아 보려고 해도 살 힘조차 없습니다. 마귀와 싸워 보려고 해도 싸울 힘조차 남아 있지 않습니다. 이것은 구원의 문제는 아니지만, 하나님의 자녀로서 해야 할 도리도 아닙니다. 삼손은 구원받은 사람입니다. 구원은 예수 그리스도를 믿으면 받는 것입니다. 우리는 구원의 문제를 뛰어넘어 하나님의 자녀답게 살아야 합니다. 하나님의 자녀가 마귀의 시험에 무릎 꿇으면 하나님의 자녀답게 살지 못하는 비극이 따라옵니다.

우리는 예수님을 믿고 하나님 나라 가는 날까지 하나님이 주시는 능력으로 참 승리의 생활을 해야 합니다. 하나님의 백성이라는 배짱을 가지고 멋있게 살다가 그 나라에 들어가야 합니다.

10시간 정도 비행기를 타고 가면 미국에 닿을 수 있습니다. 그런데 그만 가는 도중에 나쁜 사람들에게 공중 납치를 당해서 불안과 초조 속에 이리저리 끌려다니다가 겨우 미국에 도착했다고 합시다. 얼마나 괴로운 일입니까? 하나님의 자녀들도 마찬가지입니다. 하나님이 주시는 능력과 영광을 가지고 힘 있고 멋있게 살다가 하나님 나라에 들어가면 얼마나 좋습니까? 그런데 날마다 마귀에게 공중 납치를 당해서 이리저리 끌려다니다가 비참하게 만신창이가 되어서 하나님 앞에 선다면 너무 부끄러운 일입니다. 정말 기가 막히는 일입니다.

신자의 비극은 대개 하나님으로부터 받은 은혜가 적은 데 이유가 있지 않습니다. 하나님으로부터 받은 은혜를 지키지 못하는 것에 그 이유가 있습니다. 신자는 하나님으로부터 모든 것을 다 받은 사람입니다. 받지 않은 것이 없습니다. 지금 손안에 없다고 해서 받지 않은 것이 아닙니다. 하나님의 손안에 있는 것은 이미 우리가 받은 것이나 다름없기 때문입니다. 우리가 이 험한 세상을 살아갈 동안 하나님은 우리에게 필요한 능력을 주시고 보호해 주십니다. 우리가 어려운 일을 당할 때마다 하나님께 기도하면 들어주시고 하늘에 속한 신령한 축복을 허락하십니다. 하나님은 이미 은혜를 가득가득 부어 주셨습니다. 그런데 왜 많은 신자의 마음속에 기쁨이 없습니까? 왜 많은 신자가 자주자주 혼란에 빠지고 고통합니까? 하나님으로부터 받은 것을 바로 지키지 못하기 때문입니다. 시험에 걸려 넘어지기 때문에 하나님으로부터 받은 은혜를 지키지 못하는 것입니다.

일주일 동안 세상에서 상처 입은 사람들이 주일이 되면 위로를 받고자 교회를 찾아옵니다. 그리고 교회는 그들에게 적절한 위로와 격려를 해줍니다. 하지만 아무리 위로하고 격려한들 세상에 나가 무릎을 꿇고 굴복해 버리면 무슨 소용이 있습니까? 큰 가능성을 지닌 적극적인 인간이 되기를 원한다면 시험에 지지 말아야 합니다. 시험에서 이길 때에 하나님이 주시는 특별한 평안이 있습니다. 세상 사람들보다 훨씬 더 행복할 수 있습니다. 시험에서 승리하는 사람만이 항상 기뻐할 수 있고 범사에 감사할 수 있으며 쉬지 않고 기도할 수 있습니다.

자기를 보지 말고 적을 보라

많은 사람이 시험을 당할 때 흔히 빠지기 쉬운 함정이 있습니다. "아무래도 나에게는 소망이 없는 것 같아"라면서 쉽게 좌절해 버리는 버릇입니다. 싸워보기도 전에 흰 손수건을 흔들며 주저앉아 버립니다. 이처럼 시험 중에 자신의 약점을 지나치게 의식해서 자신감을 잃게 하는 것, 이것이 바로 마귀가 잘 사용하는 계교입니다. 결국 마귀는 이런 식으로 자신의 정체를 숨기는 것입니다. 우리가 우리의 초라한 모습만 확대해서 보게 하고 자기의 모습은 못 보게 합니다. 예수 그리스도를 시험할 때도 베드로를 통해 시험했고 아담을 시험할 때도 그의 아내를 통해 시험했듯이 사탄은 자신의 정체를 숨기고 도대체 어디에서 들어오는지 알 수 없도록 들어옵니다. 그래서 마귀의 술수를 모르는 사람들은 결국 자기 자신과 싸웁니다. "내가 이래서는 소망이 없어. 예수님을 믿으나 마나야. 날마다 이렇게 넘어지는 거 믿어 봐야 뭐하나!" 하고 자신과 싸우는 것입니다.

미디안 광야에 있던 군대들이 자기들끼리 칼을 들고 싸우다가 자멸한 것처럼 사탄은 신자 스스로가 자기 자신과 싸우도록 만듭니다. 사탄은 자기의 정체를 숨기고 기다립니다. 그래서 신자가 자기와 싸우다가 힘이 다 빠져 주저앉아 버리면 그때 잡아먹는 것입니다. 그 수법이 얼마나 간교합니까!

사탄은 그리스도인이 아닌 사람은 시험하지 않습니다. 중생받지 못한 사람에게는 시험이 없다는 것을 명심하십시오. 중생받지 못한 사람을 사탄이 왜 시험하겠습니까? 자기 편을 왜 괴롭히겠습니까? 당신은 중생받았기 때문에 시험을 받는 것입니다. 또 우리는 죄가 많아서 시험을 받는 것도 아닙니다. 예수님은 죄 없으신 분인데도 시험을 받으셨습니다. 시험은 죄가 없어서 오는 것도 아니요, 죄가 많아서 오는 것도 아닙니다. 중생받지 못해서 오는 것도 아니요, 믿음이 특별히 약해서 오는 것도 아닙니다. 마귀는 그저 신자만 보면 괴롭히려고 덤비는 것입니다. 그렇기 때문에 우리는 먼저 적을 알아야 합니다. 적의 계교를 잘 파악한 후에 적과 맞서 싸워야 합니다.

종교개혁자 루터가 방 안에 앉아서 기도와 묵상을 하고 있었습니다. 그런데 마귀의 시험이 얼마나 강하게 들었던지 루터가 그만 벌떡 일어섰습니다. 그리고 책상 위에 있는 잉크병을 들어 벽을 향해 던지면서 "이놈아, 물러가라!"라고 했습니다. 잘한 것입니다. 루터는 시험하는 자가 누구인지를 분명하게 알고 있었습니다. 자기를 쳐다보며 고민하지 않았습니다. 적을 바라보고, 자기를 대항하는 원수를 보고 준비하고 있었습니다.

군대의 지휘관이 되려면 병법을 배워 적을 바로 보는 눈을 길러야 합니다. 우리도 이 병법을 배워야 하는데, 이것을 배우는 곳이 바로 성경입니다. 우리는 창세기 3장에서부터 요한계시록에 이르기까지 마귀가 활동하는 것을 볼 수 있습니다. 그래서 성경을 자세히 읽어보면 마귀의 정체가 무엇인지, 또 마귀의 술수나 전략이 어떤 것인지 일목요연하게 파악할 수 있습니다. 적을 알면 쉽게 대적할 수 있습니다.

여러분에게 어떤 시험이 옵니까? 그러면 마귀의 정체를 파악한 다음 어떻게 대적할지 연구하십시오. 연구 방법은 하나님의 말씀을 읽고 기도하는 것입니다. 그러면 답이 나옵니다.

강한 자가 넘어진다

또 한 가지 우리가 알아야 할 것이 있습니다. 마귀는 우리의 약점을 이용해 계교를 부린다는 것입니다. 우리 가운데에는 천성적으로 약점을 가진 사람도 있고, 환경적인 요인으로 약점을 가진 사람도 있습니다. 예를 들어, 남달리 물욕이 강한 사람은 천성적으로 약점을 가진 사람입니다. 그러나 잘살던 사람이 갑자기 가난해졌다면 그 사람에게는 환경적인 약점이 생긴 것입니다. 그러나 그 약점이 죄는 아닙니다. 우리의 약한 부분이 곧 죄가 되는 것은 아닙니다. 그 약한 부분을 통해 들어오는 시험을 용납했을 때 그것이 죄가 되는 것입니다.

만약 우리의 약한 부분이 모두 죄라면 도대체 살아남을 자가 누가 있겠습니까? 모든 인간에게는 약점이 있습니다. 가끔 아이들과 권투 시합을 볼 때면 사탄이 꼭 권투 선수와 같다는 생각을 합니다. 턱이 약한 선수에게는 상대가 무조건 턱을 집중 공격을 합니다. 내 생각 같아서는 턱이 약하면 다른 데를 때릴 것 같은데 계속 턱만 때립니다. 링 주위에 있는 감독이나 코치도 계속 턱만 때리라고 고함을 칩니다. 아, 이러니 두들겨 맞는 사람이 어떻게 견디겠습니까. 마귀가 꼭 이렇습니다. 잔인하기 이를 데가 없습니다. 삼손이 집중적으로 공격을 당했듯이 마귀는 우리가 넘어질 때까지 계속 공격해 옵니다.

그럼 마귀가 계속 공격해 올 때 우리는 어떻게 해야 합니까? 약하다고 생각되는 부분이 있으면 피해야 합니다. 유혹을 받기 쉬운 곳에는 가지 말아야 합니다. 보지도 말아야 합니다. 그 외에 별다른 도리가 없습니다. 그런데 삼손은 이렇게 하지 않았습니다. 시험을 한 번 받았을 때 정신을 차렸어야 하는데, 두 번 세 번 시험을 받았습니다. 그는 마치 유혹을 장난감처럼 손에 들고 놀다가 망한 사람과 같습니다. 주어온 폭탄을 만지작거리다가 자폭해 버린 사람과 같다는 말입니다. 유혹은 무서운 것입니다. 어떤 장사도 어떤 도덕군자라도 그 사람의 약점을 통해 들어오는 유혹을 손에 쥐고 놀기 시작하면 당하게 됩니다. 던져 버리든지 피하든지 보지 말든지 해야 하는데 삼손은 그러지 못했습니다. 어린아이가 불에 손을 한 번 데면 그다음부터는 불을 볼 때마다 피합니다. 그런데 삼손에게는 이 어린아이의 지혜조차도 없었습니다.

플라톤(Plato, 약 B.C. 427-약 B.C. 347)의 제자 가운데 프로칠로우스라는 사람이 있었습니다. 어느 날 그가 배를 타고 지중해로 나가 아름다운 경치를 구경하고 오려는데, 공교롭게도 폭풍을 만나 갖은 고초를 다 겪고 구사일생으로 살아 돌아왔습니다. 그는 집에 도착하자마자 하인들을 불렀습니다. 그리고 이렇게 고함을 쳤습니다. "내 방에 있는 창문을 다 막아라. 벽돌을 쌓든지 판자를 대든지 전부 막아버려!" 하인들은 놀라서 "주인님, 대체 왜 그러십니까?"라고 물었습니다. 프로칠로우스는 "지중해가 보이면 또 나가고 싶을 거야. 은빛 찬란한 지중해가 또 나를 유혹할 텐데 아예 보지 않는 것이 최고야. 창문을 전부 막아버려!"라고 말했습니다. 프로칠로우스는 자신의 약점을 아는 사람이었습니다. 자신이 약한 것을 아는 사람은 자기 스스로 주의하고 경계합니다. 이것이 시험을 이기는 지혜입니다.

그러나 삼손에게는 프로칠로우스와 같은 지혜가 없었습니다. 그는 자신의 힘을 과신했습니다. 그러한 교만이 삼손을 얼마나 어리석게 만들었는지 모릅니다. 삼손은 들릴라라는 기생의 손에 들린 금잔을 받을 줄만 알았지, 그 속에 든 독을 보지 못했습니다. 들릴라의 황홀한 미소에 취할 줄만 알았지, 그 미소 뒤에 감추어진 독사의 이빨은 보지 못했습니다. 들릴라의 포근한 무릎에 머리를 기댈 줄 알았지만, 그 손에 들린 가위는 보지 못했습니다. 들릴라의 황홀한 침실에만 마음을 빼앗겼지, 그 침실 벽 뒤에 숨어 있는 원수들의 특공대는 보지 못했습니다. 그만큼 그가 자기 약점에 주의하지 않은 결과, 가장 바보 같은 사람이 되고 말았습니다. 육적으로는 거인이지만 영적으로는 소인이 되어버린 것입니다. 교만한 자는 마귀가 가장 꺾기 쉬운 대상입니다.

삼손의 생애에는 기도가 없었다

그렇다면 우리가 교만한 사람인지 아닌지 어떻게 알 수 있습니까? 바로 기도하는 것을 보면 알 수 있습니다. 기도를 많이 하는 사람은 겸손한 사람이요, 기도하지 않는 사람은 교만한 사람입니다. 삼손의 일생에는 기도가 없었습니다. 그리고 생을 마치는 순간에야 겨우 한 번 기도했습니다. 원수들 앞에서 그가 온갖 모욕을 다 받은 후에 분을 이기지 못해서 기둥을 부둥켜안고 기도한 내용이 무엇입니까? "하나님이여 구하옵나니 이번만 나를 강하게 하사"라는 비참한 기도였습니다 (삿 16:28). 그의 20년 생활을 돌아보아도 다른 유대 지도자들에게 있었던 기도가 한 번도 보이지 않습니다. 그만큼 삼손은 자기 힘만 의지하고 믿었던 사람입니다. 이렇게 자기 자신을 믿는 사람은 기도하지 않습니다. 그래서 기도가 게으른 사람을 보면 어딘가 자기 자신을 과신하고 있는 사람이라는 것을 금방 알 수 있습니다.

> 그가 시험을 받아 고난을 당하셨은즉 시험 받는 자들을 능히 도우실 수 있느니라_ 히 2:18

기도가 무엇입니까? 기도는 시험을 당하는 자들을 돕기 위해 기다리고 계시는 주님 앞으로 나가는 것입니다. 그런데 이 기도를 하지 않는 것은 '주님, 도와주지 않으셔도 돼요'라는 교만을 나타내는 것이나 다름없습니다. 삼손은 기도하지 않아서 마귀에게 넘어졌습니다.

하루는 루터에게 학생들이 찾아와서 물었습니다. "선생님, 어떻게 하면 그렇게 많은 사탄의 시험을 쉽게 이길 수 있습니까?" 그때 루터가 이렇게 대답했습니다. "응, 사탄이 자주자주 내 마음의 문을 두드리면서 문을 열라고 소리치곤 한다네. 그럴 때마다 내 마음에 거하시는 예수님이 나가서 문을 열어 주시지. 마귀가 '이 집에 루터가 살고 있지요?'라고 물으면, 예수님은 '과거에는 루터가 살았지. 그러나 지금은 이사를 가고 내가 살고 있어'라고 대답하신다네. 그러면 마귀가 대경실색해서 도망가 버리지. 내가 시험을 이기는 방법은 이것이라네."

우리도 루터의 방법을 배웁시다. 예수님이 항상 우리 마음에 거하신다면 우리는 어떤 상황에서도 안심할 수 있습니다. 주님만 의지하면 마귀가 두들기고 유혹할 때 우리 대신 주님이 모든 것을 감당해 주십니다. 우리가 기도하면 하나님은 우리의 발이 시험의 그물에 걸리지 않게 도와주십니다. 기도하는 사람은 승리합니다. 아무리 약한 부분이 있더라도 걱정하지 마십시오. 약한 부분 때문에 시험에 빠지는 것이 아닙니다. 약한 부분을 알고도 기도하지 않기 때문에 그 게으름과 교만을 뚫고 마귀가 들어오는 것입니다.

혹시 지금 이런 고민을 하고 계시진 않습니까? '이상하다. 내가 예수님을 믿고 바로 살아 보려는데 왜 계속 시험을 당하지?' 걱정하지 마십시오. 하나님의 자녀가 시험을 당하는 것은 정상입니다. 누구에게라도 시험은 옵니다. 이제부터 하나님의 말씀을 통해 마귀를 대적하는 방법을 배우시기 바랍니다. 부지런히 성경을 읽으십시오. 그리고 여러분의 약한 부분을 주님이 대신 지켜 주시도록 기도에 힘쓰십시오. 그러면 마귀가 아무리 우는 사자와 같이 덤벼도 여러분을 쓰러뜨릴 수 없습니다.

우리는 삼손처럼 시험을 이기지 못해 하나님이 허락하신 영광스러운 삶을 비참한 삶으로 전락시켜서는 안 됩니다. 승리합시다. 전진합시다. 하나님의 영광을 위해 쓰임을 받읍시다. 우리가 갖고 있는 하나님의 자녀로서의 이 영광, 놀라운 능력을 세상 앞에 보여 줍시다. 어떤 상황에서도 하나님의 자녀다운 긍지를 잃지 말고 저 하나님 나라에 들어갈 때까지 매일매일 승리하십시오.

II

특명!
시험의 뇌관을
제거하라!

우리 마음에 남아 있는 원한의 감정이 우리의 영혼을 해치는
시험 거리가 되지 않도록 해야 합니다.
시험을 이기려면 우리 안에서 마귀와 내통할 수 있는
복병인 원한을 남겨 놓으면 안 됩니다.

로마서 12:17-21

17 아무에게도 악을 악으로 갚지 말고 모든 사람 앞에서 선한 일을 도모하라 18 할 수 있거든 너희로서는 모든 사람과 더불어 화목하라 19 내 사랑하는 자들아 너희가 친히 원수를 갚지 말고 하나님의 진노하심에 맡기라 기록되었으되 원수 갚는 것이 내게 있으니 내가 갚으리라고 주께서 말씀하시니라 20 네 원수가 주리거든 먹이고 목마르거든 마시게 하라 그리함으로 네가 숯불을 그 머리에 쌓아 놓으리라 21 악에게 지지 말고 선으로 악을 이기라

특명!
시험의 뇌관을
제거하라!

로마서 12장 17절부터 21절의 말씀을 읽으면서 저는 마음 깊은 곳에서부터 좋지 않은 감정들이 연기처럼 피어오르고 있었다는 사실을 깨닫게 되었습니다. 이 깨달음은 제게 날카로운 칼끝에 찔리는 듯한 아픔이었습니다.

우리는 종종 사회에서 일어나는 여러 가지 좋지 못한 사건들을 접하고 속으로 은근히 고통합니다. 최근 교회 지도자들이 자기들의 교권을 되찾거나 유지하기 위해 세속적인 정치권력에 아부하는 모습을 보면 우리의 감정이 결코 좋을 리 없습니다. 또한 얼마 전 반국가적인 언동을 일삼으며 그래도 그것이 애국이라고 자처하는 일단의 사람들과 잠꼬대 같은 망언을 늘어놓고 있는 후지오 마사유키(藤尾正行, 1917-2006)를 볼 때도 우리의 감정이 결코 좋지 않았습니다. 작금에 수천 명의 외국인을 불러 놓고는 그들 앞에서 데모를 하지 않으면 못 견디겠는지 충혈된 눈을 하고 이리 뛰고 저리 뛰는 젊은이들을 볼 때 우리의 심정은 어떠했습니까? 퇴폐적인 삶을 사는 사람들과 나라야 어디로 가든지, 이웃이야 죽든지 말든지, 자기 욕심껏 사치하고 낭비하는 사람들을 볼 때 우리가 느끼게 되는 역겨움 또한 얼마나 큰지 모릅니다.

게다가 얼마 전 김포공항에서 일어난 폭탄 테러 사건은 제게 매우 충격적이었습니다. 그때 희생된 꽃봉오리와 같은 젊은 아들딸을 우리 교회에서 장례 치르던 날, 저는 저 자신도 모르게 무자비한 그들에 대해서 일종의 복수심이 가슴 속으로부터 끓어오르는 것을 느꼈습니다.

분노, 악의 씨앗이 되는 비상 신호

그런데 이와 같은 감정이 하나의 비상 신호가 될 수 있습니다. 분노하는 것은 모든 악의 씨앗이 될 수 있기 때문입니다. 하나님의 자녀는 악을 미워해야 합니다.

> 사랑에는 거짓이 없나니 악을 미워하고 선에 속하라_롬 12:9

하나님은 우리에게 악을 미워하라고 분명히 말씀하셨습니다. 그러나 우리는 악을 미워하다가 자칫하면 사람을 미워하게 되고, 나아가 원한과 복수심을 가질 수 있습니다. 이것은 하나님이 막으시는 악한 일입니다. 저는 악을 미워해야 할 상황에서 사람까지 미워하여 마음속에 증오의 감정을 담고 있었다는 사실에 가책을 받았습니다. 물론 이와 같은 일은 비단 저만의 일은 아닐 것입니다. 크고 작은 차이는 있을지 모르나 많은 사람이 사회의 부조리에 대해 이와 같은 감정이 있습니다. 더구나 직접 피해를 입은 사람들의 가슴속에는 복수심과 증오가 남몰래 도사리고 있을 것입니다. 그러나 이러한 감정은 반드시 제거해야 합니다. 이것은 일종의 시한폭탄과 다름없습니다. 무서운 죄악의 뿌리입니다. 그러므로 예수님을 믿는 사람들은 감정이 악으로 발전하지 않도록 항상 자신을 돌아보아야 합니다. 자기 자신에 대한 정화 작업을 게을리하지 말아야 합니다.

> 악에게 지지 말고 선으로 악을 이기라_롬 12:21

이 말씀은 우리에게 양자택일의 길밖에 없다는 것을 가르쳐 주고 있습니다. 우리가 악을 이기든지, 아니면 악에게 정복을 당하든지 둘 중 하나를 선택해야 한다는 것입니다. 우리는 악을 악으로 남겨 놓고 살 수는 없습니다. 또 악은 우리를 가만히 내버려 두지 않습니다. 그러므로 승패를 결정해야 할, 양자택일의 문제가 우리에게 주어져 있습니다.

그런데 하나님은 그의 자녀들이 악에게 이긴 사람들이라고 분명히 선언하고 계십니다. 하나님은 자기 자녀가 악에게 지는 것을 용납하지 않으셨습니다.

> 청년들아 내가 너희에게 쓰는 것은 너희가 악한 자를 이기었음이라_요일 2:13

우리는 이미 악을 이기시고 세상을 이기신 예수 그리스도에게 속한 사람들입니다. 우리는 승리하신 예수 그리스도에게 소속된 십자가의 군병들입니다. 그러므로 우리는 악에게 질 수가 없습니다. 하나님의 자녀는 마치 북을 치는 병사와 같습니다. 옛날 영국의 부대에는 북을 치며 신호를 하는 병사가 있었습니다. 그런데 그들은 전진을 독려하는 북만 칠 줄 알았다고 합니다. 후퇴를 시켜야 하는 북은 칠 줄 몰랐다는 것입니다. 예수님을 믿는 사람들도 마찬가지입니다. 악에게

지면 안 됩니다. 반드시 이겨야 합니다. 그렇기 때문에 우리의 마음속에 있는 작은 감정이 악의 요소가 될 가능성이 있다고 생각되면 과감하게 그것을 뿌리를 뽑지 않으면 안 됩니다. 이것이 하나님 자녀의 특징이요, 삶의 원칙입니다.

피가 땅을 더럽힌다

그러면 우리가 하나님의 자녀로서 어떠한 삶을 살아야 하는지 살펴봅시다. 두 가지 방법으로 악을 이길 수 있습니다. 첫째는 아무에게도 악으로 악을 갚지 않는 길이고, 둘째는 모든 사람 앞에서 선한 일을 도모하는 길입니다.

첫째로, 악으로 악을 갚지 않는다는 말은 남에게 복수하는 어떤 행동만을 말하는 것이 절대 아닙니다. 우리가 잘 아는 바와 같이 더러운 감정이 축적되는 데서부터 모든 원수 갚음이 시작되기 때문입니다. 여러분의 마음에 증오나 원한이 깔리기 시작하고 있습니까? 이미 여러분은 복수의 칼을 갈고 있는 사람입니다. 일단 칼을 간 이상 한 번은 뽑아서 상대를 치려고 할 것입니다. 사람의 본성에는 이렇게 무서운 살인적인 복수심이 늘 잠재하고 있습니다.

우리나라에서 자주 사용되는 통속적인 욕설 가운데 제일 많이 듣는 것이 "죽여 버리겠다"입니다. 이것은 적나라한 감정의 표현입니다. 살인적인 복수심입니다. 이런 것이 악을 악으로 갚은 불행의 첫걸음이 됩니다. 예수님을 믿는 사람이라 해도 별 차이가 없습니다. 마음이 깨끗하고 거룩한 것 같아도 막상 화가 나서 흥분했을 때 쏟아붓는 말을 들어보면 세상 사람들이나 별 차이가 없습니다. 신자들의 마음속에도 무서운 살인적 복수심이 작용하고 있는 것을 봅니다. 그러므로 하나님은 인간의 타락 본성에 이와 같이 무서운 독사가 도사리고 있다는 것을 아시고 이 강한 복수심의 충동을 억제할 수 있는 법적인 제도를 이스라엘 백성에게 만들어 주셨습니다.

> 눈은 눈으로, 이는 이로, 손은 손으로, 발은 발로, 덴 것은 덴 것으로, 상하게 한 것은 상함으로, 때린 것은 때림으로 갚을지니라_ 출 21:24-25

마치 하나님이 복수를 허용하고 앙갚음을 정당화하신 것처럼 생각할 소지가 있는 제도입니다. 그러나 반대로 이 제도에는 엄격한 규제 조치를 하고 있는 두 가지 법적 정신이 들어있습니다.

그중 하나는 이스라엘 백성이 어떤 손해나 피해를 봤을 때는 반드시 재판관 앞에서, 그리고 두세 사람의 증인이 동참한 자리에서만 소위 '눈은 눈으로'의 복수를 할 수 있었다는 것입니다. 사적으로는 절대 해를 가할 수 없었습니다. 재판관 앞에서 증인들의 증거가 확실히 드러난 때에만 보응할 수 있었습니다. 하나님이 인간의 악함을 아시고 이러한 제도를 만들어 두셨습니다. 인간의 야수성을 사전에 억제하신 것입니다.

이 제도에는 또 하나의 중요한 정신이 들어있습니다. 그것은 해를 끼친 만큼만 보복하라는 것입니다. 인간이 보복할 때 얼마나 선을 넘기 쉬운지 잘 아시는 하나님이 짐승 같은 잔혹성을 쇠사슬로 얽어매는 법을 만드신 것입니다. 그러나 오늘날 우리의 역사가 왜 이렇게 비참합니까? 왜 시간이 흐를수록 잔혹해집니까? 인간이 하나님이 주신 기본법을 지키지 않았기 때문입니다. 1대 때려야 할 자를 10대 때리고, 한 번 고통을 줘도 될 사람에게 스무 번의 고통을 주는 이 악한 근성 때문에 우리의 역사가 갈수록 악해지고 있습니다.

사울은 다윗을 시기하다가 무서운 폭군으로 변해 버린 사람입니다. 사울은 다윗에게 조금이라도 동조하는 사람이 있다는 정보를 얻으면 바로 그 사람을 찾아내어 무자비하게 처형했습니다. 그런데 아히멜렉이라는 제사장이 다윗을 조금 도와주었습니다. 그러자 사울은 아히멜렉은 물론이고 85명의 제사장을 전부 살육하고, 그것으로도 분이 풀리지 않아 아히멜렉이 살고 있는 놉이라는 촌락의 남녀노소와 짐승까지 다 칼로 찔러 죽였습니다(삼상 21-22장 참조).

하나님은 이렇게 말씀하셨습니다.

> 피는 땅을 더럽히나니_민 35:33중

하나님이 심판하신다

그런데 정말 놀라운 일이 하나 더 있습니다. 예수님이 산상수훈 중에 그의 제자들에게 기가 막힌 교훈을 주셨습니다.

> 또 눈은 눈으로, 이는 이로 갚으라 하였다는 것을 너희가 들었으나 나는 너희에게 이르노니 악한 자를 대적하지 말라 누구든지 네 오른편 뺨을 치거든 왼편도 돌려 대며_마 5:38-39

어떻게 인간이 이 말씀을 받아들일 수 있겠습니까? 마치 가을 하늘의 높은 구름을 보는 것 같습니다. 우리와는 전혀 관계가 없는 말씀처럼 들립니다. 그러나 우리는 여기에서 진지하게 성령의 인도하심을 기다려야 합니다. 우리는 예수님이 이렇게 말씀하신 두 가지 중요한 이유를 찾아볼 수 있습니다.

> 내 사랑하는 자들아 너희가 친히 원수를 갚지 말고 하나님의 진노하심에 맡기라 기록되었으되 원수 갚는 것이 내게 있으니 내가 갚으리라고 주께서 말씀하시니라_롬 12:19

왜 예수님께서 하나님의 백성들에게 구약에 있는 원칙마저 포기하라고 하셨는지 대답이 나옵니다. 하나님이 모든 악을 심판하시기 때문입니다. 성경에 분명히 그렇게 약속하셨습니다. 그러므로 이 약속을 믿기만 하면 인간이 손을 들어 상대를 해치지 않아도 되는 것입니다. 앙갚음을 하겠다는 감정마저도 가질 필요가 없습니다. 악에 대한 심판권은 하나님께 있습니다. 그리고 그것은 하나님의 깊은 계획 중 하나입니다.

그래서 우리는 하나님께 '당장 심판해 주십시오'라고 말할 수도 없습니다. '주여, 언제 그들을 심판하시겠습니까?'라고 물어볼 수도 없습니다. 우리는 오직 하나님이 악한 자를 징계하실 그 날을 기다리며 믿는 것밖에 할 일이 없습니다. 이 믿음이 우리에게 있기 때문에 주님은 아예 눈은 눈으로 이는 이로 갚는 것조차 포기하라고 말씀하십니다. 하나님의 자녀 된 사람들은 이 믿음을 반드시 가져야 합니다.

> 하물며 하나님께서 그 밤낮 부르짖는 택하신 자들의 원한을 풀어 주지 아니하시겠느냐 그들에게 오래 참으시겠느냐_눅 18:7

하나님은 우리의 마음을 다 알고 계십니다. 그렇기 때문에 우리는 아무에게도 악을 악으로 갚으려고 해서는 안 됩니다. 이것이 우리의 입장입니다. 만약 내가 악을 악으로 갚겠다고 달려든다든지, 내 마음에 무서운 살인적인 감정을 가지고 항상 증오한다면 그것은 하나님이 심판하실 불신앙의 행위입니다.

예수님이 구약의 원리를 포기하라고 하신 또 하나의 이유가 있습니다. 아마 그 당시 주님은 제자들에게 요즘 말로 이렇게 말씀하셨을 것입니다. "너희들은 나의 제자가 아니냐. 너희들은 하나님을 아버지라고 부르는 하나님의 아들들이 아니냐. 자, 그런데 어떤 사람이 네 이빨을 하나 상하게 했다고 하자. 그런데 네가 율법대로 이빨 하나를 뽑겠다고 하면 도대체 네가 나의 제자처럼 보이겠느냐? 하나님의 아들처럼 보이겠느냐?"

대답은 뻔하지 않습니까? 예수님을 닮아가는 사람처럼 보이지 않을 것입니다. 따라서 구약의 원리를 포기하라고 하신 또 하나의 이유는 예수님을 닮아야 하는 제자들의 도덕적 수준 때문입니다.

만일 제가 백만 원을 누구에게 떼였다고 합시다. 그 돈을 받아 내겠다고 아침저녁으로 그 집에 가서 문을 두드리고 싸우면 이웃에서 저를 어떻게 생각하겠습니까? '아이고, 저 사람 정말 목사 맞아? 차라리 백만 원 손해를 보고 말지.' 당장에 그렇게 말하지 않겠습니까?

마찬가지입니다. 하나님의 자녀가 원수를 갚겠다는 것도 신분에 어울리지 않는다는 말입니다. 그러니까 차라리 원수를 사랑하는 것이 하나님의 아들이라는 신분에 어울린다는 말입니다. 이것 참 야단입니다. 이 말씀대로 살아가는 것은 정말 어렵습니다. 그러면 어떻게 이렇게 살 수 있을까요? 스펄전이 남긴 명언을 들어봅시다.

> "악을 선으로 갚는 일은 하나님다운 일이요, 선을 선으로 갚는 일은 인간다운 일이다. 선을 악으로 갚는 일은 마귀다운 일이요, 악을 악

으로 갚는 일은 짐승다운 일이다."

스펄전의 말에 우리의 모습을 비추어 볼 때 우리의 내면에 짐승 같은 본성이 숨어 있다는 것을 부인할 수 없습니다. 그렇기 때문에 주님은 아예 구약의 원칙마저도 포기하고 참으로 하나님의 아들다운 높은 수준을 두고 살라고 우리에게 가르쳐주셨습니다.

하드리아누스(Publius Aelius Trajanus Hadrianus, 76-138)이라는 로마 황제가 있었습니다. 주후 117년부터 138년까지 로마제국을 통치했던 왕입니다. 그가 군인이었을 때 항상 그를 괴롭히던 동료 한 사람이 있었습니다. 늘 서로가 대적하는 사이였는데, 수년 후에 하드리아누스가 황제가 되었습니다. 그러자 그를 미워하던 동료는 '이제는 죽었구나' 하고 고민에 빠졌습니다. 하루는 황제가 그를 불렀습니다. 그는 벌벌 떨며 사색이 되어 황제 앞에 나타났습니다. 황제는 그를 물끄러미 쳐다보다가 이렇게 말했습니다. "가까이 오게. 두려워 할 것 없네. 나는 로마 황제야." 로마 황제라는 칭호를 가진 사람이 사사로운 개인의 감정을 가지고 복수하지는 않겠다는 말입니다. 하드리아누스는 정말 멋진 사람이었습니다.

하나님의 자녀요, 예수의 제자인 우리 역시 다른 사람을 향해 이를 가는 감정을 가지고 살 수는 없습니다. 여러분의 마음에 조금이라도 좋지 못한 감정들이 생기면 여러분의 신분을 확인하는 신앙고백을 하십시오. "나는 하나님의 자녀야. 나는 예수님처럼 살아야 할 사람이야." 여러분이 이렇게 고백할 때 원수 같은 감정은 사라집니다.

원수의 머리에 숯불을 쌓으라!

둘째로, 모든 사람에게 선을 도모하라고 했습니다. 이 말씀은 하나님의 명령입니다. '모든 사람' 안에는 원수까지도 포함되어 있습니다. 그래서 더욱 무서운 말씀처럼 들리기도 하지만 대단히 중요한 말씀이기도 합니다.

> 네 원수가 주리거든 먹이고 목마르거든 마시게 하라_롬 12:20상

우리는 이 말씀이 내포하고 있는 그 깊은 영적 진리가 무엇인지 잘 모릅니다. 그러나 한 가지 아는 것은 이 말씀대로 실천하기가 매우 힘들다는 것입니다. 우리는 조그마한 미운 감정 하나도 삭이지 못해 아예 살인적인 생각을 할 때도 많이 있는데, 나에게 무서운 해를 끼친 원수가 굶주린다고 해서 돈을 써가면서 먹을 것을 갖다줄 수 있겠습니까? 우리의 힘으로는 도저히 불가능합니다.

한 일간지 칼럼에 이런 의미 있는 대목이 있었습니다. 제2차 세계대전이 끝나고 일본 천황이 영국을 방문했을 때의 일입니다. 일본 천황이 영국 여왕을 만나서 자기들의 지난 잘못을 용서해달라고 말했습니다. 그때 영국 여왕은 이렇게 말했습니다. "용서는 할 수 있지만 잊을 수는 없다." 그리고 일본 천황이 기념식수를 했는데 하룻밤 사이에 허리가 잘리고 나무뿌리에는 양잿물이 부어져 고사했다는 것입니다. 또 그 칼럼니스트는 한국 사람을 과거의 원한을 잘 잊어버리는 습성이 있는 민족이라고 평했습니다. 제가 이 칼럼을 읽으면서 한 가지 공감한 것은 인간은 굉장히 표독하다는 것입니다. '용서는 할 수 있지만 잊지는 못한다'라는 말이 바로 그것입니다.

시험이 없는 신앙생활은 없다

예수님을 믿는 사람도 마찬가지입니다. 자기에게 해를 끼친 사람에게 용서한다고 말은 쉽게 하지만, 마음속에는 여전히 앙금이 남아 있습니다. 이런 본성을 가진 사람에게 예수님은 원수가 굶주리면 먹을 것을 갖다 주라고 하시니 우리의 상식으로는 이해하기 힘듭니다. 그러나 우리가 꼭 알아야 할 중요한 사실이 있습니다. 그것은 사람으로는 할 수 없지만, 하나님으로는 할 수 있다는 말입니다.

> 사람으로는 할 수 없으되 … 하나님으로서는 다 하실 수 있느니라
> _막 10:27

은혜를 받으면 가능합니다. 달리 말해, 예수 그리스도께서 우리의 마음을 지배하기 시작하면 능히 원수에게까지 먹을 것을 갖다줄 수 있다는 것입니다. 그리고 우리가 주님의 말씀대로 실천할 때는 정말 놀라운 일이 일어납니다.

> 그리함으로 네가 숯불을 그 머리에 쌓아 놓으리라_롬 12:20하

숯불을 머리에 얹는다는 말에는 여러 가지 해석이 있으나, 저는 많은 성경학자에게 지지를 받고 있는 어거스틴(Augustine, 354-430)의 견해를 따릅니다. 어거스틴의 해석은 이러합니다. 피해를 본 사람이 도리어 원수에게 먹을 것을 갖다 주면 원수는 그 순간에 너무 부끄러워서 얼굴이 마치 숯불처럼 화끈 달아오르게 된다는 것입니다. 원수가 자신의 행위를 부끄럽게 여기게 만든다는 말입니다. 더 나아가서는 자기를 찾아온 자가 베푸는 무조건적인 사랑에 감격해서 그의 가슴에 감동의 불꽃이 피어오를 수 있다는 말입니다. 그런데 왜 우리가 그렇

게까지 희생적으로 원수에게 불덩이 같은 부끄러움을 안겨 주어야 합니까? 여기에는 하나님이 은근히 기대하시는 한 가지 목적이 있기 때문입니다.

우리가 원수의 얼굴이 화끈 달아오를 만한 일을 하면 그 원수가 회개하고 돌아올지도 모른다는 것입니다. 이렇듯 어떤 방법을 통해서든지 죽어가는 영혼을 살리려는 것이 하나님의 뜻입니다. 그러므로 빵을 들고 원수를 찾아가라고 하나님이 명령하시는데도 우리가 순종하지 않는다면 우리는 하나님의 뜻을 거역하는 사람이 되고, 하나님이 기뻐하시는 일을 고의로 하지 않는 교만한 사람이 될 것입니다.

김준곤(金俊坤, 1925-2009) 목사님은 예수님을 믿는다는 이유로 일가족이 공산당에게 끌려가서 갖은 고초를 당하신 분입니다. 그분은 자기 눈앞에서 부친과 아내가 공산당에게 매를 맞아 죽는 것을 보아야 했습니다. 김 목사님도 매를 맞아 가사 상태에 빠졌으나 미군 함정이 나타나서 겨우 위기를 벗어나 목숨을 건졌습니다. 급기야 미군들이 김 목사님 가족을 죽인 공산당을 포로로 잡았습니다. 그러나 김준곤 목사님은 손에 빵을 들었습니다. 미군을 찾아가 공산당을 풀어 주라고 간청한 것입니다. 미군이 그들을 용서해 주었습니다. 그런데 그 공산당들이 산속에 들어가서 계속 게릴라전을 벌였습니다. 그때 김 목사님은 성경책을 들고 그들을 찾아갔습니다. 그 결과 그들이 회개하고 돌아와 108명이 모이는 시골 교회 하나를 설립했습니다.

악을 악으로 갚으려는 생각조차 하지 맙시다. 왜냐하면 하나님이 원하시는 일이 아니기 때문입니다. 우리는 하나님의 자녀들입니다. 우리는 높은 수준을 가지고 살아야 하는 그리스도의 제자들입니다. 마음의 생각을 고쳐먹는 데만 머물지 말고 원수에게 먹을 것, 마실 것을 갖다 주는 데까지 나아가야 합니다. 그러면 원수의 마음이 무너지고 회개하고 주님 앞에 돌아오는 역사가 일어날 수 있습니다. 그가 회개하고 돌아오면 탕자를 기다리시는 하나님이 기뻐하시고 하늘의 천군 천사와 함께 잔치를 베푸실 것입니다.

이러한 주님의 명령에 순종하지 않는 것은 하나님을 기쁘게 해 드리기 싫어하는 악한 본성 때문입니다. 이 시간 성령의 은혜 앞에 우리 자신을 있는 그대로 맡기고 모든 더러운 감정을 녹여 달라고 기도합시다. 우리가 악한 자를 대할 때 하나님 아들답지 못했던 것을 회개합시다. 벌써 돌아와야 할 영혼들이 아직도 사망의 골짜기를 헤매고 있는 것은 우리가 사랑을 실천하지 못한 책임임을 고백합시다. 하나님이 원하시는 수준까지 우리의 믿음을 끌어 올립시다. 우리 힘으로는 못하지만, 하나님의 은혜로는 가능합니다.

그리고 우리 마음에 남아 있는 원한의 감정이 우리의 영혼을 해치는 시험 거리가 되지 않도록 해야 합니다. 시험을 이기려면 우리 안에서 마귀와 내통할 수 있는 복병을 남겨 놓으면 안 됩니다. 원한의 감정, 이것은 눈에 잘 띄지 않는 복병이 될 수 있습니다. 지금부터 선으로 악을 이길 수 있는 은혜를 날마다 사모합시다.

12

덫은 내 안에
숨어 있다

다윗의 잘못은 하나님이 허락하신 행복한 환경을
육체의 욕심이 마음대로 악용할 수 있도록 방심한 것에 있습니다.
육체의 소욕은 신자에게 있어서 보이지 않는 곳에 숨겨 놓은 덫과 같습니다.

사무엘하 11:1-5; 26-27

1 그 해가 돌아와 왕들이 출전할 때가 되매 다윗이 요압과 그에게 있는 그의 부하들과 온 이스라엘 군대를 보내니 그들이 암몬 자손을 멸하고 랍바를 에워쌌고 다윗은 예루살렘에 그대로 있더라 2 저녁 때에 다윗이 그의 침상에서 일어나 왕궁 옥상에서 거닐다가 그곳에서 보니 한 여인이 목욕을 하는데 심히 아름다워 보이는지라 3 다윗이 사람을 보내 그 여인을 알아보게 하였더니 그가 아뢰되 그는 엘리암의 딸이요 헷 사람 우리아의 아내 밧세바가 아니니이까 하니 4 다윗이 전령을 보내어 그 여자를 자기에게로 데려오게 하고 그 여자가 그 부정함을 깨끗하게 하였으므로 더불어 동침하매 그 여자가 자기 집으로 돌아가니라 5 그 여인이 임신하매 사람을 보내 다윗에게 말하여 이르되 내가 임신하였나이다 하니라 26 우리아의 아내는 그 남편 우리아가 죽었음을 듣고 그의 남편을 위하여 소리 내어 우니라 27 그 장례를 마치매 다윗이 사람을 보내 그를 왕궁으로 데려오니 그가 그의 아내가 되어 그에게 아들을 낳으니라 다윗이 행한 그 일이 여호와 보시기에 악하였더라

덫은 내 안에
숨어 있다

다윗이 유대를 다스리던 당시, 유대와 암몬 사이의 전쟁이 거의 1년 넘게 계속되어 있었습니다. 그런데 전쟁 중에 겨울이 닥쳐왔기 때문에 추위와 비를 피해 전쟁이 소강상태에 빠졌습니다. 그 기회를 이용하여 다윗은 예루살렘 궁전에 돌아와 있었고 또 일부 군대들도 철수했습니다.

몇 달이 지나고 봄이 돌아왔습니다. 봄이 되자 다시 군대가 출전을 개시하였습니다. 그러나 이미 전세는 판가름 난 것이나 다름이 없었습니다. 왜냐하면 이스라엘 군대가 적국의 수도를 포위했기 때문에 암몬을 함락하는 것은 시간문제였습니다. 따라서 다윗 왕이 직접 군대를 이끌고 전선으로 나갈 필요가 없었습니다. 그래서 그는 예루살렘 궁전에 남아 느긋한 마음으로 쉬고 있었습니다.

○ ○ ○ ○ ○ ○ ○
그 사람이 그럴 리 없어!

예루살렘에 봄이 돌아왔기 때문에 날씨가 몹시 포근하고 향기로웠습니다. 그래서 더운 지방의 사람들이 흔히 하듯이, 다윗은 오후 시간에 낮잠을 즐기고 저녁 때에야 일어났습니다. 그리고 그는 시온산 언덕에 있는 왕궁 옥상으로 올라갔습니다. 그는 예루살렘 성내의 전경을 감상하면서 저녁 바람에 실려 오는 꽃향기를 맡으며 산책을 즐기고 있었습니다. 그때 그의 눈에 황홀한 장면이 들어왔습니다. 왕궁에서 내려다보이는 어느 집 담 안에서 전라의 여인이 목욕을 하고 있었던 것입니다.

호기심이 잔뜩 생긴 다윗은 신하를 보내어 그 여인이 누구인지 알아보게 했습니다. 그리고 그 여인이 우리아의 아내 밧세바라는 것을 알게 되었습니다. 그녀의 남편 우리아는 유대에서 탁월한 30인의 장군 속에 포함될 정도로 유명한 장군이었으며, 당시 전선에서 나라를 위하여 싸우는 중이었습니다.

그러나 이미 판단력을 잃어버린 다윗은 그 여인을 왕궁으로 불러서 죄를 범하고 말았습니다. 그러다 그녀가 임신하자 그것을 감추기 위해 남편인 우리아 장군을 전선에서 불러들여 회유를 했습니다. 그런데 뜻대로 되지를 않자 다윗은 우리아 장군이 전사하도록 고의로 그를 위험한 전투에 몰아넣었습니다. 이렇게 다윗은 적군의 손을 빌려 우리아의 생명을 빼앗은 다음 얼마 지나지 않아 밧세바를 후처로 삼았습니다.

성경학자들 가운데는 밧세바를 나무라는 사람도 없지 않습니다. 그의 집이 왕궁에서 보이는 곳에 있고 또 왕이 가끔 그 시간에 옥상에서 산책을 한다는 사실을 몰랐을 리 없었을 텐데 밧세바가 어둡기도 전에 목욕을 했다는 것은 다분히 왕을 유인하기 위한 의도적인 행동이라고 보는 것입니다. 또 어떤 학자는 밧세바가 정숙하지 못한 여자가 아닌가 하고 추측을 합니다. 남편이 오랫동안 집을 비우고 있었으므로 밧세바의 행동을 고의로 보는 학자들도 없잖아 있습니다.

그러나 성경에서 밧세바에 대해 특별한 설명을 하고 있지 않기 때문에 우리는 그 여인이 어떤 사람인지 정확히 알 수 없습니다. 그렇지만 우리가 성경을 읽으면서 분명히 알아야 할 것은 하나님께서 밧세바의 시시비비를 일체 말씀하지 않는다는 것입니다. 시종일관 시선은 다윗에게만 집중되어 있습니다. 모든 책임이 다윗에게 있다는 것을 하나님께서 분명히 밝히고 있습니다.

다윗의 범죄는 우리에게 큰 충격을 던져주는 사건입니다. 막강한 권력을 휘두르던 고대 황제들의 악행에 비하면 다윗이 범한 행동은 대수롭지 않게 받아넘길 수도 있는 가벼운 죄목일지 모릅니다. 그러나 그런 일을 절대로 범하지 않을 것 같던 사람이 그런 일을 저질렀다는 데에 문제가 있습니다. 예상외의 사건이 일어났다는 데 놀라움과 충격이 따라오는 것입니다.

우리가 잘 아는 바와 같이 다윗은 구약에서 아브라함에 버금가는 인물입니다. 하나님의 특별한 은혜와 총애를 한 몸에 받고 있던 사람이었습니다. 50살 가까이 살도록 하나님으로부터 특별한 책망을 받은 적이 없을 만큼 깨끗하고 거룩한 생을 살았던 사람이었습니다. 더욱이 그는 구약시대에 기름 부음을 받아야 추대되는 세 가지 직책을 한꺼번에 독차지한 거물이었습니다. 그는 왕이요, 제사장이요, 선지자였습니다. 그는 세 사람이 해야 할 일을 혼자서 다 해낼 만큼 걸출한 하나님의 종이었습니다. 그런데 놀랍게도 그가 간음과 살인을 저지른 것입니다.

그뿐만 아니라 당시 다윗이 처한 여러 가지 여건을 보면 더욱 이해가 가지 않는 점들이 있습니다. 그의 나이 이미 50살입니다. 50이라는 나이는 정욕이 불타는 젊은이와는 다릅니다. 그렇게 충동적으로 행동할 나이가 아닙니다. 그리고 그에게는 아름다운 여러 명의 아내가 있었습니다. 또 아내들 외에 그가 마음만 먹으면 품에 안을 수 있는 후궁이 상당수 있었습니다. 하필이면 신하의 아내를 탐할 이유가 없었던 것입니다. 다윗이 낳은 아들이 이미 여러 명이었고, 아들 중에는 아버지처럼 성인이 다 된 아들도 있었습니다. 자녀들 보기 부끄러워서라도 그는 그런 일을 함부로 저지를 수 없는 처지에 놓여 있었습니다.

게다가 그는 나라의 법을 세워야 하는 통치자의 자리에 있었습니다. 왕위에 있는 사람이 남의 가정을 파괴하는 일을 공공연히 범하면서 법을 세울 수는 없는 것입니다. 또한 그 당시 한편에서는 수많은 젊은이가 전선에 나가서 나라를 지키느라 피를 흘리고 있었습니다. 그것을 생각만 해도 왕이 긴장의 고삐를 풀 상황이 아닌데 엉뚱하게도 다윗은 전쟁에 나가 있는 신하의 아내를 빼앗았던 것입니다. 다윗의 인품이나 주변의 여건을 보아서는 절대 그런 행동을 할 사람이 아닌 것 같습니다. 그런데 그가 죄를 짓고 말았다는 사실이 우리에게 큰 충격과 놀라움을 던지고 있는 것입니다.

덫은 다윗 안에 숨어 있었다

그러면 다윗을 쓰러뜨린 덫이 무엇이라고 생각합니까? 혹자는 그가 전쟁에 나가지 아니하고 게으름을 피웠기 때문이라고 말합니다. 게으름이 덫이 되었다고 해석하는 것입니다. 그러나 저는 거기에 동의하지 않습니다. 전쟁에 출전하고 안 하고는 왕의 위치에서 얼마든지 결정할 수 있는 자기 권한에 속한 문제입니다. 그리고 전략상 출전하지 않을 수도 있는 것입니다. 그러니 그것을 탓할 수는 없습니다. 또 낮잠을 잔 것을 잘못이라고 단정하기도 어렵습니다. 더운 나라에서는 오후에 한동안 쉬는 것이 그렇게 이상한 일이 아닙니다. 그의 나이로 보나, 그의 지위로 보나 오후에 잠깐 쉬는 습관이 있었다는 것도 우리는 충분히 이해할 수 있습니다.

정작 다윗을 쓰러뜨린 덫은 다윗 속에 숨어있던 육체의 욕망이었습니다. 다윗은 구약에서 드물게 볼 수 있는 성령의 사람이었습니다. 그가 중생받은 새로운 피조물이었다는 데 의심할 사람이 없습니다. 그러나 다윗에게는 육체의 소욕과 성령의 소욕이 함께 역사하고 있었습니다. 그도 우리와 다를 바 없는 사람이었습니다.

> 육체의 소욕은 성령을 거스르고 성령은 육체를 거스르나니 이 둘이 서로 대적함으로 너희가 원하는 것을 하지 못하게 하려 함이니라
> _갈 5:17

예수님을 믿고 거듭난 하나님의 자녀에게는 두 가지 소욕(욕망, desire)이 있습니다. 하나는 성령의 소욕이요, 또 하나는 육체의 소욕입니다. 때로 이 두 가지 소욕이 팽팽히 맞서서 성령이 하고자 하는 일을 육체가 못하게 하고, 육체가 하고자 하는 일을 성령이 못하게 하는데 성경은 우리에게 성령께서 하고자 하는 욕망을 따르기만 하면 육체가 하고자 하는 욕망은 쉽게 좌절된다고 가르쳐 줍니다. 이런 의미에서 육체의 소욕은 신자에게 있어서 보이지 않는 곳에 숨겨 놓은 덫과 같습니다.

다윗에게도 육체의 욕망이 그의 마음 깊은 곳 어딘가에 복병처럼 웅크리고 있었던 것이 분명합니다. 다윗을 유혹한 모든 유혹의 원천이 그의 내부에 잠재하고 있었다는 말입니다. 그런데 아무리 육체의 욕망이 그의 마음속에 웅크리고 있었다고 할지라도 그것은 여건이 주

어질 때만 가능한 것입니다. 여건이 주어지지 아니하면 그것은 활동하기가 어렵습니다. 달리 말하면, 육체의 욕심이 활개를 치려면 그것이 좋아하는 어떤 여건이 형성되어야 한다는 말입니다.

그런데 다윗에게는 오랫동안 육체의 욕망이 마음대로 활개를 칠 여건이 주어지지 않았습니다. 우리가 잘 아는 바와 같이 그는 왕위에 오르기 전, 10년이 넘게 정치적 망명 생활로 긴장된 나날을 보내야 했습니다. 그때는 한시도 하나님을 떠나서 살 수 없었으므로 그는 신앙생활에 몰입했습니다. 그가 시편에서 고백한 것처럼 아침에도 기도했고, 저녁에도, 밤중에도 기도했고 때에 따라서는 하루 일곱 번씩 기도했다고 할 만큼 그는 하나님 앞에 매달렸습니다. 얼마나 하나님의 말씀을 사모했는지 그 말씀이 그의 입에 꿀송이처럼 달았다고 했습니다. 그때 그는 어떤 것을 바쳐서라도 하나님과 깊이 교제하려고 신앙생활에 전력을 다하고 몰입했습니다.

다윗은 30살에 왕위에 오르고 나서도 오랫동안 편할 날이 없었습니다. 선왕인 사울 치하에서 타락하고 어지러웠던 국정을 바로잡아야 하는 엄청난 일들이 그를 기다리고 있었고, 몰락한 사울 왕가를 추종하는 구세력이 상당히 저항하고 있었기 때문에 그들과 화합을 도모하는 데에 전력을 쏟아야만 했습니다. 그래서 그는 대단히 분주했고 하나님 앞에 지혜를 구해야 했으며 겸손해야 했습니다. 더욱이 왕이 되자마자 전쟁이 그칠 날이 거의 없었습니다. 왜냐하면 여호수아가 정복하지 못하고 남겨 놓은 가나안 땅을 회복시키는 일에 총력을 기울이지 않으면 안 되었던 것입니다. 그것은 하나님이 다윗에게 주신 소명이었습니다. 하나님이 약속하신 가나안 땅을 완전히 정복해야 할 책임이 그에게 있었던 것입니다.

그런 까닭으로 그는 크고 작은 전쟁을 치르며 수년을 긴장된 생활

속에서 살아야 했습니다. 따라서 하나님의 힘을 의지하여 적진으로 달려가고 하나님의 지혜를 힘입어 나라를 다스리고, 오직 하나님을 최우선에 두는 경건한 생활을 해왔습니다. 이러한 생활은 그가 왕이 된 후에도 10년이 넘도록 계속되었습니다. 밤낮 성령으로 충만한 그의 마음에서 육체의 욕심은 죽은 듯이 잠잠했습니다.

나른한 봄날, 복병이 나타나다

그러나 사무엘하 11장을 전후로 다윗의 형편이 바뀝니다. 그때부터 모든 것이 자기 수중에 들어왔습니다. 대항하던 세력들도 지리멸렬해지고 이제는 더 이상 칼을 들고 싸울 대상도 남아 있지 않았습니다. 많은 나라가 다윗 앞에 굴복하고 조공을 바치기 시작했습니다. 아셀에서는 향기로운 기름이, 유대의 벌판에서는 풍부한 곡식이, 에브라임에서는 포도주가, 두로와 시돈에서는 백향목이 끊임없이 쏟아져 들어왔습니다.

 나라의 힘은 점점 강해졌습니다. 그의 가정은 편안했으며 자녀들은 잘 자라고 있었습니다. 그의 나이도 인생의 희년이라는 50대에 접어들었습니다. 무엇이나 그가 마음먹은 대로 안 되는 것이 없었습니다. 국력이 계속 신장하고 평안해지니까 자기도 모르게 긴장이 풀렸습니다. 안일해졌습니다. 자기만족에 빠지고 행복에 도취되기 시작했습니다. 이제는 좀 편안히 살고 싶다는 나른한 생각이 그를 지배하게 되었던 것입니다.

 자, 다윗의 이런 여건을 보십시오. 성령의 욕망과 육체의 욕망 중, 어느 쪽에 더 유리한 여건이라고 생각하십니까? 아시는 바와 같이 육체의 욕망을 자극할 수 있는 충분한 여건이 다윗에게 서서히 형성되기 시작했습니다. 밧세바를 만났을 때 다윗은 밖으로도 봄이요, 안으로도 봄을 맞이하고 있었습니다. 육체적으로도 온몸이 나른해지는 봄이요, 영적으로도 자기도취와 안일함에 취하기 쉬운 봄이었습니다. 점점 위험한 징조들이 다윗에게 나타나기 시작했지만, 그는 불행히도 어두운 그림자가 다가오는 것을 깨닫지 못했습니다.

미국 코넬대학교(Cornell University)의 실험실에서 있었던 예화를 하나 소개합니다. 개구리 한 마리를 차가운 물이 담긴 큰 비커에 넣었습니다. 비커 밑에는 분젠등을 놓고 1초에 0.017°F씩 데워지도록 불꽃을 아주 작게 조정해 놓았습니다. 온도가 서서히 높아지기 때문에 개구리는 온도의 변화를 눈치채지 못했습니다. 마음만 먹으면 당장이라도 비커에서 뛰어올라 안전한 곳으로 갈 수 있음에도 불구하고 개구리는 태평스럽게 앉아 있었습니다. 온도는 0.017°F씩 올라가는데 개구리는 여전히 제자리에서 빠져나올 생각을 하지 않았습니다. 2시간 반쯤 지난 뒤 개구리는 뜨거운 물에 푹 삶겨져 죽어 있었습니다. 자기도 모르게 죽은 것입니다. 자기가 죽어가는 것도 느끼지 못하고 있다가 그대로 삶아져 버린 것입니다.

다윗이 바로 개구리와 같은 처지에 놓여 있었습니다. 안일한 궁정의 환경이라는 비커 속에서 정욕의 불이 0.017°F씩 서서히 다윗을 데우기 시작했지만, 그는 자기가 얼마나 위험한 처지에 놓여 있는지 전혀 눈치채지 못했습니다. 방심하고 있다가 자기도 모르게 당한 것입니다.

그러면 다윗이 잘못한 것은 무엇입니까? 그가 누리고 있던 부귀영화가 잘못입니까? 천만의 말씀입니다. 우리 생의 형통은 하나님이 주시는 복일 수 있습니다. 부유하고 편안한 환경 또한 하나님의 자녀들이 누릴 수 있는 복일 수 있습니다. 기독교는 염세주의도, 비관주의도 아닙니다.

대저 사람의 길은 여호와의 눈앞에 있나니 그가 그 사람의 모든 길을 평탄하게 하시느니라_잠 5:21

여호와를 의지하는 자는 풍족하게 되느니라_잠 28:25하

다윗의 잘못은 하나님이 허락하신 행복한 환경을 육체의 욕심이 마음대로 악용할 수 있도록 방심한 것에 있습니다. 그것은 다윗이 범한 치명적인 실수였습니다. 이런 의미에서 다윗이 낮잠을 잔 것도 탈이 될지 모릅니다. 다윗이 옥상을 거닌 것도 문제가 될지 모릅니다. 그가 이전과 같이 기도했겠습니까? 그가 이전과 같이 하나님이 두려운 줄 알고 나라를 걱정하고 자기 책임을 다했겠습니까? 왜 옥상에 올라가서 남의 집 마당을 두리번거려야 했습니까? 자기도 모르게 방심하고 있었던 것입니다. 마음의 자물쇠를 풀어놓고 있었던 것입니다.

이런 기회를 마귀가 놓칠 리 있겠습니까? 그때까지 죽은 듯이 엎드리고 있던 육신의 정욕이 절호의 찬스를 맞아 사정없이 그의 목덜미를 낚아챘습니다. 그는 말 한마디 하지 못하고 당하고 만 것입니다.

다윗은 자기가 하나님 앞으로 바짝 다가앉아야 할 때가 전쟁할 때만이 아니라 오히려 화려한 궁궐에 있을 때라는 사실을 깜빡 잊어버리고 있었던 것입니다. 긴장하고 고달픈 나날을 보내고 있을 때 육체의 소욕이 죽은 듯 가만히 있으니까 궁정 생활을 할 때도 그러리라고 착각해 버린 것입니다. 상아 침상에서 편안히 쉬고 있는 그 자리에도 전투장에서처럼 육체의 소욕이 맥을 못 출 것이라고 어리석게 믿었던 것입니다. 이렇게 방심한 결과 그는 무서운 죄의 노예가 되었습니다.

다윗이 범한 죄가 무엇을 의미하고 있는지 성경에서 찾아보면 성경에는 간단하게 두 마디로 요약하고 있습니다.

다윗이 행한 그 일이 여호와 보시기에 악하였더라_삼하 11:27하

어찌하여 네가 여호와의 말씀을 업신여기고_삼하 12:9상

다윗의 행동이 하나님이 보시기에 악하다고 했습니다. 또 여호와를 불쾌하게 했다는 의미도 있습니다. 이것은 영어의 'displease'에 해당하는 말입니다. 그다음에 하나님께서는 다윗이 자기를 업신여긴다고 했습니다. 이것은 영어의 'despise'에 해당하는 말입니다. 결국 다윗이 범한 죄는 하나님을 불쾌하게 만들고, 업신여기는 결과를 초래했습니다. 이 얼마나 무서운 일입니까?

하나님을 멸시한 사람이 어떻게 편안할 수 있습니까? 하나님을 불쾌하게 만든 사람이 어떻게 태평스러운 생활을 할 수 있습니까? 그런데 다윗은 육신의 정욕에 사로잡힌 나머지 하나님이 불쾌하신지 어떤지를 분별할 능력을 상실하고 말았습니다. 정욕이 두 눈을 가리니까 하나님의 안색을 살피는 눈치마저 없어진 것입니다. 이 얼마나 무서운 일입니까? 그 결과 다윗은 평생 씻을 수 없는 큰 오점을 남기게 되었습니다. 이런 실수 때문에 그의 남은 생애에 말할 수 없는 고통이 찾아오게 되었습니다.

내 안에도 덫이 있다

우리는 지금까지 다윗의 모습을 살펴보느라고 거울을 열심히 닦았습니다. 이제부터 그 거울에 우리의 모습을 비추어 보아야 할 때가 되었습니다. 우리는 어떻게 해야 합니까? 무대 위에서 다윗이 밧세바, 우리아와 함께 연기하는 것을 보는 것으로 만족해야 합니까? 우리는 다

윗을 통해서 네 가지 관점으로 우리 자신을 살펴야 합니다.

첫째로, 다윗이 걸려 넘어진 덫에 우리 역시 당할 수 있다는 사실을 명심해야 합니다. 우리는 다윗처럼 성령 충만하지 못합니다. 다윗처럼 기름 부음 받지 못했습니다. 다윗처럼 하나님의 총애를 받지 못했습니다. 그렇게 탁월한 다윗도 넘어졌습니다. 그러므로 우리도 보장할 수 없는 것입니다.

우리 가운데는 믿음이 대단히 좋은 분도 있을 것입니다. 우리 중에는 육체의 욕심에 종이 되어 저지르는 실수를 한 번도 겪지 않은 경건한 분들도 많이 계실 것입니다. 거룩한 생활에 관해서는 자부심을 가져도 좋을 정도로 흠이 없는 분들도 계실 것입니다. 구원의 확신이 너무 강해서 흔들리지 않는 좋은 믿음을 가지고 있고 매일매일 경건의 시간을 통해서 기도와 말씀의 묵상을 착실히 함으로써 안심해도 된다고 자부하는 사람도 있을 것입니다. 그러나 한 가지 사실을 잊지 마십시오. 여러분도 쓰러질 수 있습니다. 여자 앞에서 쓰러질 수 있고, 마음에서 솟구치는 증오 앞에서 사람을 죽일 수도 있습니다.

우리 안에는 무서운 육체의 소욕이 마치 입을 크게 벌리고 먹이를 기다리고 있는 덫처럼 움츠리고 있습니다. 다윗의 가슴 속에 기다리고 있던 육신의 정욕이라는 덫이 우리 안에도 있습니다. 우리 생각으로는 절대로 그런 일을 하지 않을 것 같은 사람이 잘못하면 세상 사람이 깜짝 놀랄 만한 악한 죄를 범할 수 있다는 점을 꼭 명심해야 할 것입니다. 우리가 다윗에게 돌을 던질 수 없는 이유가 바로 여기에 있는 것입니다.

우리 모두는 예수님을 믿는 경건한 사람들입니다. 간음이나 살인과는 거리가 먼 사람들처럼 인정을 받고 있습니다. 그러나 다윗도 넘어졌습니다. 우리가 이런 점을 값진 교훈으로 받아야 합니다. 설혹 간음이나 살인 같은 무서운 범죄는 아닐지라도 다윗을 영적으로 어둡게 하고 무력하게 만들었던 유혹과 범죄가 남의 일이 아닐 수 있다는 사실을 스스로 깊이 명심해야 합니다. 고린도전서 10장 12절에 "선 줄로 생각하는 자는 넘어질까 조심하라"라는 교훈의 말씀을 가슴 깊이 새겨야 합니다.

둘째로, 지금 각자가 처해 있는 환경이 어떠한지를 자세히 살펴보아야 합니다. 달리 말하면, 여러분의 환경이 성령의 소욕이 왕성할 여건인지, 아니면 육신의 정욕이 왕성할 여건인지를 살펴보라는 것입니다. 생활고에 시달리고 있습니까? 몸이 건강하지 못합니까? 자녀에게 고민스러운 문제가 있습니까? 만약 여러분이 이런 어려운 문제 가운데 놓여 있다면 이런 여건은 육신의 정욕보다 성령의 욕망이 활동하기에 훨씬 좋은 여건이라는 것을 기억해 두시기를 바랍니다.

너무나 고생스러운 환경 속에서 사는 사람들이 육신의 정욕에 쉽게 타 버리는 예는 거의 없습니다. 무거운 십자가를 지고 힘들게 고비고비를 넘기는 크리스천이 육신의 정욕에 눈이 어두워지는 일은 거의 없습니다. 여러분의 마음에 무거운 고민과 고통이 있습니까? 어려운 문제를 가지고 하나님 앞에 감사하십시오. 성령이 힘 있게 역사하실 좋은 기회가 되기 때문입니다.

그런데 여러분은 어떻습니까? 지금 행복합니까? 돈 걱정이 없습니까? 집안에 어려운 일도 별로 없습니까? 지금까지 모든 일이 형통합니까? 앞날도 환히 밝아 보입니까? 만사에 안정이 되어 있어 편안합니까? 그렇다면 여러분은 지금 대단히 조심해야 할 때입니다. 그 좋은 여건이, 잘못하면 육신의 정욕이 무섭게 여러분을 향해서 덤빌 좋은 기회가 되기 때문입니다.

루터가 어느 날 꿈을 꾸었습니다. 그 꿈의 내용은 사탄이 루터와 개신교 신자들을 전멸시키려고 작전을 개시하고 부하들에게서 보고를 받는, 좀 이상한 꿈이었습니다. 첫 번째 부하가 와서 사탄에게 이렇게 보고를 했습니다. "수령님, 저는 사막을 걸어가는 예수쟁이들에게 사자를 보냈습니다. 그런데 그들이 사자 앞에서도 태연히 기도하고 있었습니다." 이어서 두 번째 부하가 들어와서 이렇게 보고를 했습니다. "바다를 항해하는 예수쟁이들에게 폭풍을 일으켜 보았습니다. 그랬더니 그들은 암초에 올라가서도 찬송을 불렀습니다." 마지막으로 세 번째 부하가 와서 보고를 했습니다. "저는 예수 믿는 사람들의 한 교회를 찾아갔습니다. 그리고 10년 동안 모든 일이 잘되고 평안하게 만들어 주었더니 그들의 육체와 영이 완전히 썩어버렸습니다." 이 예화가 우리에게 무엇을 암시하고 있는지 짐작하시겠습니까?

존 맥아더(John Fullerton MacArthur Jr.)라는 미국의 유명한 목사님은 "목회에서 가장 힘든 일은 교회가 성장한 후에 시작된다. 사람들이 만족하고 모든 것을 당연하게 여기지 못하게 하는 것이 목회자에게 가장 어려운 일이다"라고 말했습니다. 맥아더 목사의 말은 교회에만 해당하는 말이 아닙니다. 개개인에게도 마찬가지로 적용됩니다. 모든 것이 안정되고 자기도 모르게 배가 부르는 그때가 어려운 위기라는 사실입니다. 여러분은 지금 어떤 환경에 놓여 있습니까? 우리 가운데 기가 막힌 고생 속에서 헤매는 사람도 없잖아 있을 것입니다. 또 염려와 고통을 안고 있는 가정도 적지 않을 것입니다. 그러나 그것은 몹시 견디기 어려울 정도로 고생하는 사람에 비해서는 그래도 여유가 있는 편입니다. 조그마한 방심에도 잘못하면 육신의 정욕에 모든 것을 다 빼앗길 수 있다는 것을 잊지 마시기를 바랍니다.

편안한 때일수록

셋째로, 만일 육체의 소욕에 사로잡히기 쉬운 여건에 살고 있다면 하나님의 특별한 은혜를 구해야 합니다. 스펄전 목사님이 이런 말을 남겼습니다.

"가난하고 병들고 어려움이 닥칠 때 우리는 하나님의 은혜가 필요하다. 그러나 부하고 건강하며 평안할 때 우리는 은혜 위에 은혜가 필요하다."

스펄전의 말이 무엇을 의미합니까? 우리가 가난하고 병들고 고통스러울 때 물론 하나님의 은혜가 필요합니다. 그러나 부하고 건강하고 평안할 때는 그 은혜만 가지고는 안 됩니다. 은혜 위에 은혜가 필요합니다. 달리 말하면, 두 배, 세 배의 은혜를 받지 않으면 안 된다는 말입니다.

넷째로, 경건의 연습에 특별히 노력해야 합니다. 말씀과 기도를 가지고 하나님을 가까이해야 합니다. 안일하고 행복한 생활에 도취되지 말아야 합니다. 그럴 기회를 주어서는 안 됩니다. 더 긴장하고 깨어 있어야 하며, 더 영적인 전투에 힘써야 합니다. 행복하고 평안한 것이 잘못된 것이 아닙니다. 행복하고 평안해도 하나님 앞에 정신을 바짝 차리고 자기의 여건이, 육신의 정욕이 더 무섭게 역사할 수 있는 여건이라는 것만 알면 행복해도, 평안해도, 부유해도, 모든 것이 만사형통해도 긴장을 풀지 않을 것입니다. 조금이라도 마귀에게 틈을 주지 않으려 깨어 있을 것입니다.

우리에게도 이런 노력이 필요합니다. 그렇게 긴장하고 노력하면 다윗처럼 잠을 실컷 자고는 남의 집 마당을 기웃거리는 쓸데없는 짓을 하지는 않을 것입니다. 다윗처럼 안목의 정욕에 사로잡혀서 정신이 나간 행동은 하지 않을 것입니다.

이제 우리 자신을 돌아보아야 할 때입니다. 다윗은 이미 지나간 사람입니다. 중요한 것은 여러분 자신입니다. 지금 어떤 여건에 있는지 한 번 자신을 돌아보시기를 바랍니다. 저는 목사들의 잘못을 이야기하고 싶지는 않습니다. 왜냐하면 저 자신이 목사요, 다른 목사에 비해서 잘난 것이 하나도 없는 사람이기 때문입니다. 그러나 최근에 너무나 불행한 사태들이 세계 곳곳에서 일어났습니다. 절대로 그런 일을 범하지 않을 것으로 보였던 경건한 목사가 하루아침에 그 이름이 땅에 떨어지는 사건들이 일어난 것입니다. 왜 그랬겠습니까? 그 목사들의 여건을 살펴보면 한결같이 성공했고, 평안했고, 풍요로웠고, 인기 절정에 있었다는 것을 발견하게 됩니다. 그런 환경은 성령이 일하실 여건이라기보다는 육신의 정욕이 미친 듯이 날뛸 수 있는 좋은 바탕이 되는 것입니다. 그런 때일수록 더 긴장하고 두려워해야 할 목사가 방심해 버렸다는 데에 비극이 따라온 것입니다.

독사에게 물린다고 미리 알리고 물리는 사람은 천하에 아무도 없습니다. 정신을 바짝 차리지 않으면 언제 마귀의 밥이 될지 모릅니다. 그러므로 우리는 편안할 때일수록 더 기도해야 합니다. 더 바짝 말씀 가까이 다가앉아야 합니다. 하나님이 주신 행복한 여건을 그분의 이름을 높이는 일에 사용해야 합니다. 이런 열망을 가지고 하루하루를 살면 비록 여러분 안에 어떤 육신의 정욕이 도사리고 있다고 할지라도 그가 발악을 할 수 있는 기회는 절대로 주어지지 않을 것입니다.

13

예수를 바라보자

무거운 것이든, 얽매이기 쉬운 죄이든 간에 우물쭈물해서는 안 됩니다.
우리 믿음의 경주는 멈추지 말아야 합니다.
바울이 고백한 바와 같이 뒤돌아보지 않고 목표를 향해 힘차게 뛰어야 할 것입니다.

히브리서 12:1-2

1 이러므로 우리에게 구름 같이 둘러싼 허다한 증인들이 있으니 모든 무거운 것과 얽매이기 쉬운 죄를 벗어 버리고 인내로써 우리 앞에 당한 경주를 하며 2 믿음의 주요 또 온전하게 하시는 이인 예수를 바라보자 그는 그 앞에 있는 기쁨을 위하여 십자가를 참으사 부끄러움을 개의치 아니하시더니 하나님 보좌 우편에 앉으셨느니라

예수를 바라보자

신앙생활을 장거리 경주와 비교하는 성경 말씀은 우리가 익히 잘 아는 내용입니다. 바울은 당시 사람들의 인기를 독차지했던 장거리 경주를 잘 알고 있었습니다. 그는 가끔 그 경기를 관람했는지도 모릅니다. 바울은 경주를 지켜보면서 신앙생활에서 자기도 저렇게 뛰어야 하겠다는 결심을 자주 했던 것이 틀림없습니다. 그러므로 그는 제일 마지막 순간에 자신의 지나간 인생을 돌아보며 담담하게 이런 말을 했습니다.

> 나는 선한 싸움을 싸우고 나의 달려갈 길을 마치고 믿음을 지켰으니_딤후 4:7

바울은 자신의 지나온 생애를 열심히 달음박질한 마라톤 선수에 비유하며 조용히 회상하고 있습니다. 먼 훗날 여러분은 자신의 생애를 돌아보며 바울처럼 열심히 달음박질한 생이었다고 자신 있게 말할 수 있습니까? 우리는 모두 분명히 그렇게 말할 수 있는 사람이 되어야 할 것입니다. 그렇게 하기 위해서 우선 갖추어야 할 것들이 있습니다.

목표가 분명해야 한다

첫째로, 목표가 분명해야 합니다. 올림픽에 출전하는 선수의 목표는 물어보나 마나 이기는 데 있습니다. 나머지는 그다음으로 따라오는 부수적인 것들입니다. 승자가 되어 금메달을 목에 걸겠다는 목표는 선수의 삶 전부를 지배하는 강력한 위력을 발휘합니다. 그것은 타의 추종을 불허하는 강인한 투지를 소유하게 합니다. 따라서 금메달을 따겠다고 하는 그 집념이 온갖 어려움과 고통을 감수하게 합니다. 그런 의미에서 우승에 대한 야망이 없는 선수는 이미 선수로서의 생명이 끝난 사람이라고 해도 과언이 아닐 것입니다.

우리의 신앙생활에도 분명한 목표가 있습니다. 어떤 사람은 구원을 받는 것이 목표라고 말합니다. 과연 그렇겠습니까? 언젠가 저는 "너희도 상을 받도록 이와 같이 달음질하라"라는 고린도전서 9장 24절 말씀을 주제로 쓴 어떤 목사님의 글을 읽은 적이 있습니다. 그는 이렇게 말했습니다.

> "구원받기를 원하시나요? 구원받기를 원하시면 제가 말씀드리는 세 가지를 꼭 마음에 명심하시고 실천하셔야 합니다. 첫째는, 달리지 않으면 안 됩니다. 둘째는, 빨리 달려야 합니다. 셋째는, 계속 달려야 합니다."

이것이 그분 설교의 주된 내용이었습니다. 나쁜 설교는 아니지만, 좋은 설교도 아닙니다. 왜냐하면 구원은 우리가 달음박질한다고 얻을 수 있는 것이 아니기 때문입니다.

> 그런즉 원하는 자로 말미암음도 아니요 달음박질하는 자로 말미암음도 아니요 오직 긍휼히 여기시는 하나님으로 말미암음이니라_롬 9:16

하나님의 은혜로 예수 그리스도를 믿게 된 그때부터 이미 우리는 구원을 받았습니다. 그러므로 구원을 받기 위해서 달음박질해야 한다는 설교는 성경의 한 부분을 무시한 논조라고 보아야 할 것입니다.

그러면 왜 우리가 신앙생활에서 달음질해야 하는지 살펴봅시다. 우리는 구원받은 사람이기 때문에 달려가야 합니다. 바울은 이미 구원받은 사람이었기 때문에 달려야 할 뚜렷한 목표를 가지게 되었던 것입니다. 그래서 달리지 않을 수 없었습니다. 우리도 바울처럼 달음질해야 합니다. 이미 구원을 받았기 때문입니다. 달음질하는 신앙생활이란 적극적이고 헌신적인 신앙생활을 말합니다. 적극적으로 주님을 믿는 자세는 달리는 것입니다. 자신의 모든 것을 주님 앞에 헌신하겠다고 하는 자세는 달려가는 자의 자세입니다. 왜 우리가 달음질하는 신앙생활을 해야 합니까? 상(常)을 얻기 위해서입니다. 주님이 우리에게 약속하신 그 상급을 얻기 위해서 우리는 달려가야 합니다. 바울은 "너희도 상을 받도록 이와 같이 달음질하라"라고 말했습니다.

우리는 성경을 조금씩 알아가면서 주님이 주시겠다고 약속하신 상급에 관해서도 알게 됩니다. 그러다가 믿음이 크게 자라면서 그 상급이라는 것이 우리의 신앙생활에 얼마나 큰 비중을 차지하는지 깨닫게 됩니다. 저도 믿음이 약했을 때는 이렇게 말한 적이 있습니다. "구원만 받으면 됐어. 난 그것으로도 감사하겠어. 천국에서 상을 받느냐 못 받느냐 하는 것은 중요하지 않아. 하나님 나라에 들어가서 상을 받지 못한다고 해서 불행하다면 그것이 하나님 나라라고 볼 수 없잖아?"라고 제법 그럴듯한 논리를 펴기도 했습니다. 그러나 믿음이 자라면서 우리는 상에 대한 깨달음을 얻게 됩니다. 믿음이 자라면 자랄수록 상을 얻으려는 열망이 강하게 나타납니다.

주님이 우리에게 약속하신 상이 무엇입니까? 성경에 보면 의의 면류관이라고도 합니다. 낙원에 있는 생명나무의 과실이라고도 하고, 둘째 사망의 해를 받지 않는 것이라고도 합니다. 감추었던 만나일 수도 있고, 새 이름을 기록한 흰 돌일 수도 있다고 합니다. 만국을 다스리는 권세일 수도 있고, 또 저 하늘에 반짝이는 새벽별일 수도 있습니다. 성경에서 상을 묘사하고 있는 용어들은 너무나 다양하고 화려해서 상이 구체적으로 어떤 것인지 우리가 확실하게 선을 그어 말하기는 어렵습니다.

그러나 한 가지 분명하게 말할 수 있는 것은 천국의 행복과 영광이 상을 받는 데서 절정을 이루게 될 것이라는 사실입니다. 이것만은 분명한 사실입니다. 역사상 수많은 사람이 자기의 생명을 아낌없이 주님께 드렸습니다. 그들은 천국에 가기 위해 헌신한 것이 아니라 상을 얻기 위해 자신의 모든 것을 주님께 바친 것입니다. 이 상에 대한 깨달음을 강하게 가진 사람치고 굼벵이처럼 기어가는 신앙생활을 하는 사람은 없습니다. 하나님 나라의 상급과 영광이 너무나 찬란하고 화려하기 때문에 세상의 것은 도무지 눈에 들어오지도 않게 됩니다. 이것이 주님의 상급을 바라보는 사람의 마음입니다.

우리가 각종 전도 집회를 통해 한 사람이라도 더 전도하려고 하는 이유도 따지고 보면 상급을 얻기 위해서입니다. 하나님은 전도를 잘하는 사람에게 이런 상급을 약속하셨습니다.

> 많은 사람을 옳은 데로 돌아오게 한 자는 별과 같이 영원토록 빛나리라_단 12:3하

이 얼마나 놀라운 상급입니까! 하나님께 크나큰 영광을 돌리고 싶다면 목표를 뚜렷이 정하시기를 바랍니다. 우승을 하겠다는 열망이 없는 사람은 선수 생활을 포기해야 하는 것과 마찬가지로 주님에게 상을 받겠다는 뚜렷한 목표가 없는 신자는 절대로 달리는 신앙생활을 할 수 없습니다.

무거워지면 안 된다

신앙생활의 챔피언이 되기 위해 우리가 갖추어야 할 또 한 가지는 바로 철저한 절제입니다. 달리기 선수에게는 체중이 적이라고 합니다. 한번은 올림픽 100m 달리기에서 금메달을 차지했던 선수가 미국에서 열린 친선경기에서 우승하지 못한 일이 있었습니다. 기자들이 대거 몰려와서 1등을 못한 이유를 물었습니다. 그 선수의 대답은 간단합니다. 체중 때문이라고 대답했습니다. 올림픽 때 비해 체중이 조금 늘었는데 그것이 결정적인 패인이 되었다고 고백했습니다.

우리가 믿음의 경주를 하는 데 반드시 경계해야 할 적이 있습니다. 히브리서 12장 1절에서 그것은 '무거운 것'과 '얽매이기 쉬운 죄'라고 했습니다. 이 두 가지는 상을 얻기 위해서 달리는 성도에게 치명적인 손해를 끼칠 수 있는 영적인 적입니다. 히브리서 독자들은 이 두 가지의 방해물을 방치했기 때문에 신앙생활에 막대한 피해를 보았던 것입니다. 그들은 처음 신앙생활을 시작하여 얼마 동안은 잘 달렸습니다.

> 전날에 너희가 빛을 받은 후에 고난의 큰 싸움을 견디어 낸 것을 생각하라 혹은 비방과 환난으로써 사람에게 구경거리가 되고 혹은 이런 형편에 있는 자들과 사귀는 자가 되었으니 너희가 갇힌 자를 동정하고 너희 소유를 빼앗기는 것도 기쁘게 당한 것은 더 낫고 영구한 소유가 있는 줄 앎이라 그러므로 너희 담대함을 버리지 말라 이것이 큰 상을 얻게 하느니라_ 히 10:32-35

이 말씀을 보면 히브리서를 읽었던 독자들은 초창기에는 대단히 열정적인 신앙생활을 한 사람들이라는 것을 알 수 있습니다. 그러나 불행히도 그들은 얼마 가지 않아 비틀거리기 시작했습니다.

> 너희가 죄와 싸우되 아직 피 흘리기까지는 대항하지 아니하고
> _ 히 12:4

이 말씀을 보면 그들이 중도에 주저앉아 버린 것이 틀림없습니다. 초창기에 죄와 싸울 때는 열심히 싸웠지만, 이제는 희생이 많이 요구되는 싸움에는 말려 들어가지 않으려고 소극적인 자세를 취하고 있는 것입니다. 그들은 무거운 것과 죄 되는 것을 벗어 버리지 못한 까닭으로 결국 피곤한 손, 연약한 무릎, 저는 다리로 인해 새로 고침을 받지 않으면 안 될 절박한 상황에 빠졌습니다. 우리도 이처럼 무거운 것과 얽매이기 쉬운 죄를 우리 생활에서 용납하면 얼마 가지 않아 주저앉게 됩니다. 히브리서 독자들처럼 새로 고침을 받지 않으면 안 될 절박한 상황에 빠지게 됩니다.

그러면 무거운 것이 무엇입니까? '무거운 것'에는 몸이 붓는다는 것과 체중이 늘어난다는 본래 의미가 있습니다. 결국 몸을 무겁게 하는

것입니다. 그런데 이 무거운 것을 꼭 죄라고는 말할 수 없습니다. 모든 무거운 것을 벗어 버리라는 말은 신앙생활에서 방해되는 요소를 제거해 버리라는 것입니다. 죄가 아니면서 신앙생활을 방해하는 것들이 한두 가지가 아닙니다. 많은 사람이 죄를 짓기에 바빠서 신앙생활을 못 걷는 사람처럼 하고 있는 것이 아닙니다. 만일 첫눈에 죄라고 알 만한 것이었다면 본능적으로 피했을지도 모릅니다. 죄가 아니기 때문에 안심하고 끌어안고 있다가 못 걷게 된 사람들이 많습니다. 이것이 무거운 것입니다.

많은 성도가 소극적인 성격으로 인해 미지근하게 믿으며 아까운 젊은 시절을 허송세월하는 안타까운 예를 많이 봅니다. 소극적인 성격이 죄가 아닙니다. 그러나 그 성격이 상을 향해 달려야 할 사람을 주저앉힌다면 그것은 심각한 방해 요인이 아닐 수 없습니다.

어떤 신자들에게는 예수님을 믿는 주변 친구들이 무거운 것이 되기도 합니다. 그런 친구들은 신앙생활을 달음질하는 것으로 여기지 않습니다. 그렇다고 가만히 있는 것도 아닙니다. 자기보다 조금 앞서 달음박질하는 사람을 보면 뒷덜미를 잡고 늘어집니다. "제자훈련에 가야 해"라고 하면, "믿어도 별나게 믿는구나. 믿기만 하면 구원받는다는데 주일날 예배만 드리면 됐지. 주중에 훈련은 무슨 훈련이야. 우리 교회 목사님이 너희 교회 목사님보다 훨씬 저명하신 분인 거 알지? 그래도 우리를 그렇게 달달 볶지 않아"라고 합니다. 이렇게 떠드는 친구들과 한번 어울리기 시작하면 몸이 무거워 얼마 가지 않아 주저앉게 됩니다.

여러분에게 무거운 것은 무엇입니까? 여러분의 취미 생활일 수도 있습니다. 사업 친구들일 수도 있습니다. 작품 활동일 수도 있습니다. 당신의 철학 사상일 수도 있습니다.

또 달음질을 방해하는 것 가운데 두 번째로 '죄'라는 것이 있습니다. 이 말을 원문대로 읽는다면 '그 죄'라고 해야 합니다. 정관사를 가진 단수형인 것을 보면 어떤 특정한 죄를 가리킨다고 말할 수 있습니다. 이 죄는 히브리서 독자들이 유대교에 유혹을 받은 사실을 가리킨다고 보는 견해와 그들의 불신앙을 의미한다고 하는 견해가 있습니다. 여기서 우리가 어느 편을 따르느냐 하는 것은 그다지 중요하지 않습니다. 그들의 구체적인 죄가 무엇인가를 아는 것보다 그 죄가 앞으로 힘차게 달리려고 할 때마다 발을 걸고넘어지는 올무가 된다는 것을 아는 일이 더 중요합니다.

본문에서 왜 죄를 얽매이기 쉬운 것이라고 표현하고 있습니까? 죄는 덫과 같은 기능이 있습니다. 아무리 발이 빠른 사슴이라도 한번 덫에 걸리면 주저앉을 수밖에 없습니다. 신앙생활도 마찬가지입니다. 죄에 한번 발목이 잡히면 아무리 달음질을 잘하던 사람도 금방 주저앉게 됩니다. 그렇게 잘 뛰어가던 형제가 갑자기 주저앉았다면 그의 발이 죄의 덫에 걸린 것이 틀림없습니다. 죄는 그런 역할을 합니다.

히브리서를 받은 독자들에게는 그들만이 알고 있는 구체적인 죄가 있었습니다. 그것 때문에 그렇게 아름다웠던 신앙생활에 먹구름이 덮이기 시작했습니다. 우리도 나만이 아는 어떤 죄를 숨겨 놓고 있다면 꼭 같은 비극을 만날 수 있다는 사실을 명심합시다. 무거운 죄짐을 지고 천국의 시상대까지 오를 사람은 아무도 없습니다. 성령께서 여러분의 마음을 환하게 열어 주셔서 어떠한 죄가 발목을 잡고 있지는 않은지 볼 수 있도록 기도하시기 바랍니다.

나는 달음박질하고 있는가?

'무거운 것'과 '죄', 이 두 가지를 벗어 버리지 않고는 달음박질을 잘할 수 없습니다. 일류 선수들이 체중을 조절하기 위해 얼마나 고생을 많이 합니까? 뜨거운 사우나에 들어가서 오랫동안 땀을 흘려 체중을 빼기도 하고, 이것저것 먹고 싶어도 체중 때문에 먹지 않기도 합니다. 1초라도 기록을 갱신하기 위해 인간적인 정마저 냉정하게 끊어 버리고 고독한 훈련센터에서 극기 훈련을 하는 선수도 있습니다.

그러면 우리는 어떻게 해야 하겠습니까? 바울은 우리에게 훌륭한 모범을 보여 주고 있습니다. 그는 달음질하는 데 방해물을 만나면 자기 몸을 쳐서 복종시키겠다고 했습니다.

> 내가 내 몸을 쳐 복종하게 함은 내가 남에게 전파한 후에 자신이 도리어 버림을 당할까 두려워함이로다_고전 9:27

몸은 죄가 아닙니다. 그러나 방해 거리로 작용하는 무거운 것일 수 있습니다. 아마 바울에게는 벗어야 할 무거운 것이 자기 몸 어딘가에 있었던 것 같습니다. 몸을 친다는 말은 복싱 선수가 눈언저리나, 급소를 향해 정확히 때리는 것을 말합니다. 복종시킨다는 것은 극도로 자제하는 것을 말합니다. 이런 의미대로 한다면 바울은 자기 몸을 사정없이 때려 마음대로 움직이지 못하게 한 것 같습니다. 그는 자기 몸이 요구하는 대로 움직이지 않았습니다. 아마 수차례 태장을 맞아 몸이 말을 잘 듣지 않았는지 모릅니다. 그러나 바울은 극기 훈련을 쉬지 않았습니다. 끊어야 할 것은 끊고 피해야 할 것은 피하면서 철저하게 자기 관리를 했다는 말입니다. 그는 고린도전서 9장 25절에서 이런 행동을 '절제'라고 표현하고 있습니다. 여러분은 자기 몸을 쳐서 절제하고 있는 사람입니까? 절제하지 않는 선수가 챔피언이 된 일은 없습니다. 절제가 신앙생활에 얼마나 중요한 것인지는 아무리 강조해도 지나치지 않습니다.

그러나 바울의 경우와는 달리 히브리서 독자들은 무거운 것보다 죄의 문제가 더 심각했던 것 같습니다. 왜냐하면 바로 뒤에 징계에 대한 말씀이 따라 나오고 있기 때문입니다. 만일 그들이 회개하지 않으면 그들을 사랑하시는 하나님께서 매를 때려서라도 바로잡으시겠다고 경고하고 있습니다(히 12:5-8 참조). 죄가 아닌 '무거운 것'은 바울처럼 절제하면 곧 벗어버릴 수 있습니다. 그러나 죄는 쉽게 벗어지지 않습니다. 잘못하면 하나님의 징계를 면치 못합니다. 많은 사람이 하나님의 손에서 피가 흐르도록 맞고 나서야 그 죄를 버리고 다시 신앙의 달음질을 시작하고 합니다. 만신창이가 되기 전에 죄 문제를 해결합시다. 그래야만 우리가 잘 뛸 수 있습니다.

또한 '벗어버린다'라는 동사는 단 한 번의 행동을 말합니다. 무거운 것이든, 얽매이기 쉬운 죄이든 간에 우물쭈물해서는 안 됩니다. 단번에 처리하는 결단력 있는 행동이 아니면 안 됩니다. 반면에 '경주한다'라는 동사는 계속적인 동작을 나타내는 말입니다. 따라서 우리 믿음의 경주는 멈추지 말아야 합니다. 바울이 고백한 바와 같이 뒤돌아보지 않고 목표를 향해 힘차게 뛰어야 할 것입니다. 하나님 나라에 들어갈 때까지 힘차게 뛰어야 할 것입니다.

하루 일과를 마치고 잠자리에 들기 전에 조용히 자기 자신을 돌아보시기를 바랍니다. '나는 지금 달음박질하는 신앙생활을 하고 있는가?' '나는 오늘 예정된 코스를 제대로 달렸는가?' 만약 그렇지 않다면 원인은 무엇입니까? 무거운 것들이 무엇인가를 찾아서 회개하십시오. 자기만이 알고 있는 죄를 찾아 회개하십시오. 그렇지 않으면 여러분의 신앙생활은 시험의 연속이 되어버릴지 모릅니다.

하나님 나라에서 주님이 주시는 상을 내가 받을 때 주님이 얼마나 기뻐하시겠습니까! 하나님 나라에 있는 허다한 증인들이 얼마나 환호성을 지르겠습니까! 저는 그 귀한 영광을 하나님께 올릴 수 있는 신앙생활을 하고 싶습니다. 우리가 이러한 꿈을 가지고 신앙생활을 한다면 우리의 걸음을 끌어당길 자가 없습니다. 방해할 자가 없습니다. 우리는 계속 달릴 것입니다. 저 천성문을 바라보고 바울처럼 끝까지 달릴 것입니다.

국제제자훈련원은 건강한 교회를 꿈꾸는 목회의 동반자로서 제자 삼는 사역을 중심으로
성경적 목회 모델을 제시함으로 세계 교회를 섬기는 전문 사역 기관입니다.

시험이 없는 신앙생활은 없다

초판 1쇄 발행　1989년 10월 30일
개정판 1쇄(26쇄) 발행　2002년 2월 25일
개정2판 1쇄(64쇄) 발행　2025년 8월 1일

지은이　옥한흠

펴낸이　오정현
펴낸곳　국제제자훈련원
등　록　제2013-000170호 (2013년 9월 25일)
주　소　서울시 서초구 효령로68길 98 (서초동)
전　화　02.3489.4300
팩　스　02.3489.4329
이메일　dmipress@sarang.org

저작권자 (C) 옥한흠, 1989, *Printed in Korea.*
이 책은 신저작권법에 의해 보호를 받는 저작물이므로 저자와 출판사의 허락 없이
내용의 일부를 인용하거나 발췌하는 것을 금합니다.

ISBN 978-89-5731-047-2 03230

* 책값은 뒷 표지에 있습니다. 잘못된 책은 구입하신 곳에서 교환해드립니다.
* **디자인** 표지: 박세미 | 내지: 참디자인 (02.3216.1085)